産経NF文庫
ノンフィクション

軍歌と日本人

国民を鼓舞した197曲

大野敏明

潮書房光人新社

はじめに――軍歌とは

本書は令和元年に産経新聞出版から単行本として刊行された『軍歌と日本人』の文庫版であり、単行本を一部、加筆訂正した完全版ともいえる。

いまや、軍歌や戦時歌謡（戦前は軍国歌謡といった）を知る人がほとんどいなくなった。

終戦までは、軍歌や戦時歌謡は、国民の最も身近で人気のある歌謡であった。しかし、当然のことながら、終戦によって軍歌も戦時歌謡も街から聞かれなくなった。だが、戦後、落ち着きを取り戻していくと、戦友会、軍の学校の同窓会、同期生会などで再び唄われるようになる。さらに各地で軍歌祭が催され、テレビなどでも軍歌特集が組まれることもあった。昭和の後期以降は、カラオケの普及で、ジャンルの中に軍歌もノミネートされ、年配の人が唄うこともあった。

しかし、カラオケで流される歌のほとんどは軍歌ではない。それは戦時歌謡である。

軍歌とは、軍人（将兵）が軍隊生活の中で唄う歌である。陸海軍には軍歌演習の時間があって、精神を鼓舞し、団結心を涵養《かんよう》するために軍歌が唄われた。軍隊内においては、戦時歌謡を唄うことは原則として禁止された。

では、軍歌の定義とはなにか。それは歴史的軍歌、学校の歌、団体・部隊の歌、兵科・兵種の歌の総称である。歴史的軍歌とは「抜刀隊《ばっとうたい》」「大楠公《だいなんこう》」「波瀾懐古《ポーランド》」などである。軍学校の歌とは陸軍士官学校、海軍兵学校、陸軍幼年学校などの校歌を始めとする学校内で唄われた歌である。この中には数え歌、戯れ歌などもふくまれる。部隊の歌とは関東軍、北支派遣軍、台湾軍などの歌である。陸軍においては連隊ごとに連隊歌があり、中には中隊歌もあることから、部隊の歌の総数は数千曲となる。最後の兵科・兵種の歌は歩兵、砲兵、工兵、騎兵といった兵科の歌である。

さらにこれとは別に海軍独自の歌もある。「軍艦」「艦船勤務」「如何《いか》に強風」などがそれで、これらも立派な軍歌である。だが、よく知られている「戦友」「勇敢なる水兵」「麦と兵隊」「ラバウル小唄《こうた》」などは戦時歌謡であって、軍歌ではない。その多くは映画の主題歌であったり、陸軍省、海軍省、あるいは新聞社などが国民の国防意識を高めるために選定したりしたものである。

日本の軍歌の始まりとされているのは神武天皇が東征したときに唄われた歌や、神武天皇に従った道臣命《みちのおみのみこと》が唄った歌とされる。これらの歌の多くが久米歌として残されているが、こうした歌が、後の世までも日本の軍歌として唄われたという記録はない。

現在、われわれが軍歌として認識している最も古い歌は、戊辰戦争において官軍（薩長軍、西軍）が江戸に攻め上る時に歌ったとされる「トコトンヤレ節」とされている。作詞は長州藩士の品川弥二郎、作曲はなんと京での品川のなじみの芸者であった君尾《きみお》。君尾は勤王芸者と呼ばれ、倒幕派の浪士を匿ったり、連絡の仲介役などを務めたりしていた。三味線がうまく、品川の詞に節を付けたという。日本最初の軍歌の作曲者は芸者であったのだ。当時、流布された刷り物には「都風トコトンヤレ節」とあって十二番まで書かれていたらしい。

この歌は、慶応四年一月の鳥羽伏見の戦いの後、東下した徳川慶喜を討つために東海道や中山道を江戸に向かう東征軍の士気を鼓舞するために作られた。

一　宮さん宮さん、お馬の前にひらひらするのは、何じゃいな
　　トコトンヤレトンヤレナ
二　あれは朝敵征伐せよとの錦の御旗《みはた》じゃ知らないか
　　トコトンヤレトンヤレナ
三　一天万乗の帝《みかど》に手向かいする奴を
　　トコトンヤレトンヤレナ
四　ねらい外さずどんどん撃ち出す薩長土
　　トコトンヤレトンヤレナ
五　伏見鳥羽淀橋本葛葉の戦いは
　　トコトンヤレトンヤレナ

六　薩長土の合うたる手際じゃないかいな　トコトンヤレトンヤレナ

官軍は江戸に入ってもこの歌を唄ったので、江戸の料亭などでは、官軍の機嫌をとるために、芸者も唄ったが、官軍嫌いの江戸っ子芸者が作った「行きにゃ官軍、帰りにゃ仏、どうせ会津にゃかなやせん　トコトンヤレトンヤレナ」と官軍をバカにした歌詞も残されている。

このテの歌はその場その場でさまざまな歌詞が付けられ、各方面で唄われ、さまざまな歌詞が存在する。

われわれ日本人は明治維新以降、近代国家の基幹として精強な軍隊を育成、保持した。国民皆兵であり、国防を国是とし、日清、日露の戦役に勝利し、列強との不平等条約を解消し、国際社会において、大きな存在感を示すまでに成長した。大東亜戦争においては、米英蘭のアジア侵略と真向かい、敗れたとはいえ、戦後のアジア、アフリカ植民地諸国の独立に大きく貢献した。帝国陸海軍の真骨頂であろう。帝国陸海軍人の精神こそ、われわれ日本人の本来の姿であり、精神であった。われわれ日本人は八十年間の帝国陸海軍の栄光と功績を忘れていいはずがない。

しかし、いまや軍歌を唄える人、いや知っている人がほとんどいなくなっている。終戦時、幼年学校や少年兵学校に在籍していた最も若い人は昭和七年三月生まれまでである。最年少も九十歳である。

カラオケでは戦時歌謡は唄われるが、軍歌は「歩兵の本領」「加藤隼戦闘隊」ぐらいしか収録されていない。

軍歌は紛れもない日本の文化である。本来の軍歌を、いま一度振り返り、その意味を理解し、明治から昭和にかけてわれわれの先祖、先輩がどのような精神をもって国家防衛の任に当たったかを検証することは、国境線を脅かされている現在の日本として、必要なことではないだろうか。

歌詞は、偕行社（陸軍士官学校、同幼年学校、同経理学校、満洲国軍官学校の卒業生、在校生、及び陸上自衛隊幹部候補生学校の卒業生の親睦会）が発行している「雄叫」を基準にし、現代漢字、現代かな遣いに直した。原則として敬称は略させていただいた。

文庫となったことで、より多くの読者に手に取っていただき、日本の文化である軍歌に親しんでいただければ、幸甚これに過ぎたるはない。

著　者

陸軍の軍歌演習。軍歌集を手に円陣で歩きながら唄っている（歩兵第七十九聯隊／画像提供：藤田昌雄）

軍歌と日本人——目次

第八章 支那事変の歌……220

第九章　大東亜戦争の歌……247

第十章　海軍の歌……263

軍歌と日本人

国民を鼓舞した197曲

第一章　歴史的軍歌

抜刀隊

　日本で最初の軍歌は「トコトンヤレ節」だと紹介したが、では「トコトンヤレ節」を軍歌として日本国民こぞって愛唱できるかというと問題がある。

　この歌は戊辰戦争の東征軍の士気を鼓舞するとともに、一般市民に対して、東征軍は錦の御旗を掲げ、宮様を司令官に戴く天子様（天皇陛下）の軍勢であることを印象づけ、幕府の否定と新政府への支持を取り付けることを目標にした。いってみれば、これは内戦における一方の宣伝歌の要素があったわけで、旧幕府方、会津、二本松、長岡、仙台、盛岡といった奥羽越列藩同盟の側からすれば、声高らかに唄えるものではない。そういう意味では軍歌ではあるが、瑕疵《かし》があると認めざるをえない。しかも、これは「節」であって、勇猛果敢な要素はまったくない。

では、「トコトンヤレ節」に代わる日本軍歌の嚆矢《こうし》は何か。難しい問題だが、私は「抜刀隊」をあげたい。「抜刀隊」は東京大学教授の外山正一の詞に、フランス人の陸軍軍楽教師、シャルル・ルルーが曲をつけたものである。

外山は旗本の子として生まれ、幕末、イギリス、アメリカに留学、明治九(一八七六)年、帰国して東大の教授となった。明治十年、西南戦争が勃発し、警視庁抜刀隊が、精強をうたわれた西郷軍と勇猛に戦ったことを賞賛して、明治十五年、日本初の近代詩集である『新体詩抄』に発表した。このとき、三十五歳である。同十八年、ルルーが曲をつけた。「扶桑歌」ともいう。六番まであるが、一、二番を記す。

一　我は官軍我が敵は　天地容《い》れるざる朝敵ぞ
　敵の大将たる者は　古今無双の英雄で
　これに従う兵《つわもの》は　ともに剽悍《ひょうかん》決死の士
　鬼神に恥じぬ勇あるも　天の許さぬ反逆を

西南戦争を描いた錦絵「賊軍新政厚徳の旗を押立て進軍の図」(国立国会図書館蔵)

起こせし者は昔より　栄えし例《ためし》あらざるぞ
敵の亡ぶるそれまでは　進めや進め諸共《もろとも》に
玉散る剣《つるぎ》抜きつれて　死する覚悟で進むべし
（以下繰り返し）
二　皇国《みくに》の風《ふう》と武士《もののふ》の　その身を護る霊《たましい》の
維新このかた廃《すた》れたる　日本刀の今さらに
また世に出づる身の誉れ　敵も身方も諸共に
刃の下に死すべきぞ　大和魂あるものの
死すべき時は今なるぞ　人に後れて恥かくな
（以下同）

西南戦争における西郷軍は強く、農民兵を中心とした政府の鎮台兵は当初、歯が立たなかった。そこに旧幕府方の士族を中心に編成された警視庁抜刀隊が、戊辰の役の恨みを晴らす勢いで西郷軍に躍りかかった。

曲は前奏と後奏に分かれ、「分列行進曲」として戦前は陸軍の、戦後は陸上自衛隊の行進の際に演奏されている。

詞を見れば分かる通り、旗本出身だけに、戊辰の際とは立場が入れ替わり、官軍となったことを強調し、再び日本刀が脚光を浴びていることに喜びを感じ、武士としての面目を何よりも重んじている。それは敵である西郷軍にもいえることで、敵の大将を「古今無双の英雄」とし、兵士を「剽悍決死の士」と称えている。ともに武士であった矜持がそこにはみえる。

確かにこの歌は西南戦争時の官軍の歌であり、鹿児島県など、西郷軍側からすれば違和感があるかもしれないが、旧軍においても自衛隊においても、演奏に異が唱えられたことない。それだけ人口に膾炙《かいしゃ》し、親しまれた歌である。

大楠公《だいなんこう》

歴史的軍歌で忘れてならないのが「大楠公」である。「大楠公」は国民に親しまれた歌で、現代でも唄える人が多い。軍歌であると同時に国民歌謡でもある。

大楠公とは南北朝時代の南朝の忠臣、楠木正成《くすのきまさしげ》のこと。これに対し、子息の正行《まさつら》は小楠公といわれる。

元弘三（一三三三）年、鎌倉幕府が滅び、後醍醐天皇による建武の中興がなったが、足利尊氏が反乱を起こす。新田義貞が討伐に向かうが、足利勢は新田勢を破って京に迫る。そこを楠木勢、北畠顕家勢が駆逐する。尊氏は九州に逃げて軍勢を整え、建武三（一三三六）年、再び上洛しようとする。正成は朝廷に一時的に京から比叡山に移動していただき、尊氏の軍勢を京で迎え撃つ必勝作戦を提案するが、朝廷の移動に難色を示す坊門清忠らの反対で、京を出て迎え撃つことになる。圧倒的な軍勢を誇る足利勢の前に絶望的な戦いが予想された。

このときの状況を詠ったのが「大楠公」である。作詞は歌人、詩人の落合直文。文久元

（一八六二）年、仙台藩家老の家に生まれ、国学者、落合直亮の養子となった。後の一高、國學院、神宮皇學館、早大、東京外大、跡見女子大などで教鞭を執り、文筆活動を行なった。作曲は奥山朝恭《おくやまともやす》。明治三十二年の作である。

この歌は「桜井の訣別《わかれ》」「敵軍襲来」「湊川の奮戦」の三部からなっているが、よく唄われるのは「桜井の訣別」である。正成は京を出て、現在の神戸市付近で戦おうとする。いまの湊川神社のあたりだ。息子の正行は父とともに戦うことを願うが、父に諫められ、故郷に帰るように説得され、故郷に帰ることになる。一番から六番まであるが、一、二、三、四、六番を記す。

一　青葉茂れる桜井の　里のわたりの夕まぐれ
木《こ》の下かげに駒とめて　世の行末をつくづくと
偲ぶ鎧の袖の上《え》に　散るは涙かはた露か

二　正成涙を打ち払い　わが子正行呼び寄せて
「父は兵庫に赴かん　彼方の浦にて討死にせん
汝《いまし》は此処まで来つれども　疾《と》く疾く帰れ故郷《ふるさと》へ」

三　「父上如何にのたもうも　見捨てまつりて我ひとり
いかで帰らん帰られん　この正行は年こそは
未だ若けれもろともに　御供仕えん死出の旅」

四　「汝を此処《ここ》より帰さんは　われ私のためならず
　己れ討死になさんには　世は尊氏のままならん
　早く生い立ち大君に　仕えまつれよ国のため」

六　ともに見送り見返りて　別れを惜しむ折からに
　またも降り来る五月雨《さみだれ》の　空に聞こゆる時鳥《ほととぎす》
　誰か哀れと聞かざらん　哀れ血に鳴くその声を

時鳥は鳴くと喉の奥が赤く見えることから、血を吐いて鳴くといわれる。六番にはその意味が込められている。

こうして正成は湊川に出陣して敗北、自害した。首は故郷に帰った正行のところに届けられ、正行は悲嘆の余り切腹しようとするが、母に止められる。成人した正行は父の遺志を継ぎ、南朝方の総大将として正平三（一三四八）年、四条畷《しじょうなわて》で二千の軍勢で高師直《こうのもろなお》の六万の軍勢と戦って敗北、自害する。このとき、二十三歳とされるので、桜井の訣別のときは十一歳ということになるが、実際はもう二、三歳上だったとの説もある。

楠木正行の辞世「かへらじとかねて思へば梓弓なき数にいる名をぞとどむる」

落合は戊辰戦争で賊軍とされた仙台藩出身だけに、敗者の視点に立った詞が素晴らしい。親子の情の美しさも伝わってくる。

この歌に先立つ明治二十九年には大和田建樹作詞、小山作之助作曲の「四条畷」が、同じく「楠公父子」が作られている。

晩年、落合は病床に伏すが、「父上よ今朝はいかにと手をつきて問ふ子を見れば死なれざりけり」という短歌を作っている。本人が養子だったせいもあろうが、父と子の情を見事に表現している。楠公父子のことが念頭にあったのは間違いなかろう。

波蘭《ポーランド》懐古

「波蘭《ポーランド》懐古」は陸軍士官学校、陸軍幼年学校の出身者であれば、知らない者のいない軍歌である。予備士官学校でも教えたから、学徒出陣組の陸軍将校や幹部候補生、さらには防衛大学校初期の学生もほとんどが唄うことができる。これほど陸軍将校に愛された歌も少ない。

嘉永五（一八五二）年に信州・松本藩士の子として生まれた福島安正は戊辰戦争に参加した後、明治十年に陸軍騎兵中尉に任官、明治二十年、少佐の時、ドイツのベルリン公使館に武官として勤務し、シベリア鉄道建設の情報収集などに当たった。同二十五年、帰国に際し、福島は冒険旅行という名目で、ドイツからロシアをへて東シベリアまでを単騎で横断するという計画を立てた。それを聞いた公使館員は無謀だと止めた。

だが、福島は決行した。二月十一日にベルリンを出発、ポーランド、ペテルブルグ、エカテリンブルグ、外蒙古、イルクーツクをへて、ウラジオストックに到着した。約一万八千キロを一人で横断したのである。ウラジオストックからは船に乗り、翌年の六月二十九日、東京に到着した。国民は熱狂して彼を迎えた。

福島はシベリアの地理、民情、自然、天候などを詳しく調べ、参謀本部に報告した。これが十一年後に勃発する日露戦争で役に立つ。

当時のシベリアは未開で、一歩間違えば命を落とす危険な旅であった。国民はこぞって福島の偉業を称え、「大楠公」の作詞者である落合直文は「騎馬旅行」と題する長編の詩をしたためた。この詩の中で、ポーランドを通過したときの様子を詠ったのが「波蘭懐古」である。八番まであるが、四番まで記す。なお、作曲者は不詳である。

一　一日《ひとひ》二日《ふたひ》は晴れたれど三日《みか》四日《よか》五日《いつか》は雨に風
　　路の悪しさに乗る駒も踏み煩《わずら》いぬ野路《のじ》山路《やまじ》
二　雪こそ降らね冴えかえる嵐や如何に寒からん
　　氷こそ張れこの朝《あした》霜こそ置けれこの夕《ゆうべ》
三　ドイツの国を行き過ぎてロシアの境に入りにしが
　　寒さはいよよ勝りつつ降らぬ日もなし雪あられ
四　淋しき里に出でたればここは何処《いずこ》と尋ねしが
　　聞くも哀れやその昔亡ぼされたるポーランド

哀愁を帯びたこの歌は、それまでの勇ましい軍歌とは違っていたが、多くの将兵が愛唱した。

ポーランドは十世紀に建国されたが、ドイツとロシアの間にあって、双方の侵略を何回も受けた。一八〇七年にはワルシャワ大公国として独立を確保したが、ドイツ、ロシアの双方から蚕食《さんしょく》され、国としての実態をほとんど失ってしまった。ポーランド人は一八六三年に一月蜂起を起こして独立回復を叫ぶものの、ロシアは徹底的に弾圧し、蜂起に加わった貴族や学者、数百人を処刑、市民十数万人をシベリアに流刑とし、ポーランドは滅亡したのである。

福島が訪れた時、ポーランドはドイツとロシアによって分割されており、福島は、これから戦うことになるかもしれないロシアという国の恐ろしさと、敗戦国の惨めさをいやというほど感じたに違いない。

福島は帰国後、中佐に進級し、日露戦争では少将でありながら、満洲軍参謀として諜報に力を発揮し、馬賊などによる「満洲義軍」や、敵の後方攪乱を目的とした「特別任務班」の指揮をとった。

日露戦争後、中将となり、参謀次長を務め、男爵となり、ロシアから譲り受けた満洲の関東州と南満洲鉄道の防衛を担う関東都督も務めた。大正三年に大将となって退役し、同八年、六十七歳で死去した。日露戦争の勝利に献げた人生であったといえる。

福島は幕府の講武所で学び、明治になってからは開成学校で外国語を学んだが、軍の学校とは縁がなかった。にもかかわらず、大将にまで昇りつめたのは、シベリア単騎横断を敢行したからだろう。

日露戦争で日本はロシアに勝利したが、それもあって、ポーランドは世界有数の親日国である。

ウォータールー、ワシントン

明治初年、軍の学校では軍歌を作るに当たって、何に題材をとるかに悩んだ。いまだ対外戦争はなく、国内戦争を題材にとると、日本人同士の戦いのため、適当ではなかった。例外が「トコトンヤレ節」「抜刀隊」「大楠公」「四条畷」などであった。これとても、それぞれ旧幕府方、鹿児島県、足利氏の出身地の栃木県などではでいい顔をされなかった。そこで、思い切って海外に題材を求めることになった。

「ウォータールー」や「ワシントン」がそれである。「ウォータールー」はフランス語でワーテルロー。一八一五年、フランスのナポレオン軍と英・蘭・普（プロイセン）の同盟軍が激突した地名である。明治四十二年に土井晩翠が作詞し、中等唱歌となったが、軍隊で長く唄われることはなかった。

一番だけ紹介しよう。

渦巻く硝煙　飛び散る弾雨　万兵ひとしく　大地を蹴って
ウォータールーは　屍《かばね》の小山　運命いかに　ああフランス

「ワシントン」はアメリカの独立戦争に材をとった。しかし、これも日本人にはピンとこなかった。
やはり一番だけ紹介する。

天は許さじ良民の　自由をなみする虐政を
十三州の血は迸《ほとばし》り　ここに起ちたるワシントン

ホーヘンリンデンの夜襲

だが、明治二十年に作詞された「ホーヘンリンデンの夜襲」は曲が「歩兵の本領」と同じであることもあって、昭和二十年まで唄い継がれることとなった。
一八〇〇年、ナポレオンがアルプス越えをしてイタリアに侵攻した際、属将、モローにウィーン攻略を命じた。これを知ったオーストリアのヨハン大公が雪の中、ホーヘンリンデンのイーザー河畔で、夜営中のモロー軍に夜襲をかけた。しかし、モロー軍は踏みとどまって、オーストリア軍を撃退した。この戦闘に材をとったのである。一、二、三、十三、十四、十六番を記す。

一　日ははや西に入相の　鐘はかすかに聞こえつつ
　　ホーヘンリンデン村近き　イーザー河の音高く
二　流るる水は物すごく　すべて新手の兵士《つわもの》は

三　新たに積もる雪の床　余念もなくぞ臥しいける
ただ聞くものは村遠く　犬の長吠えする声ぞ
夜はいとたけて見ゆるころ　不意に打ち出す太鼓の音

奇襲を受けたモロー軍の慌ただしさが目に浮かぶ。このあと砲声が鳴り響き、敵味方入り乱れての戦闘が繰り広げられる。

十三　燦たる軍旗なびかせつ討てや進めの命令に
勇み乗り入る軽騎隊屍を塚に埋《うず》めんか
十四　名も世に高き仏軍が不意に打たれし口惜《くちお》しさ
男子《おのこ》と生まれし甲斐もなしいざ諸共に身を賭して
十六　さしもに強き墺軍も死を定めたる手負い猪《じし》
いかで望みを達すべきかえって敵に逆《さか》撃たれ

こうしてモロー軍はヨハン大公の夜襲を退けることに成功したのである。

作詞は山陰樵夫、歌詞は十七番まであり、物語として綴られていて、当時の状況がよく分かる。欧州の戦いであるにもかかわらず、日本の戦国時代のような言葉が多いのは時代のなせるわざだろう。長く唄われはしたものの、爆発的な流行には至らなかったのは、フランス側に立った内容だったからかもしれない。

曲は前に述べたように「歩兵の本領」と同じであるが、この曲は明治三十二年、陸軍軍楽隊の楽長であった永井建子《けんし》が「鼓笛喇叭軍歌　実用新譜」で、「小楠公」の曲として発表したものである。これが同三十四年の一高の寮歌「アムール川の流血や」、三十七年の一高寮歌の「征露歌」に転用され、さらに同四十二年の「歩兵の本領」、大正十一年の労働歌「メーデーの歌」（聞け万国の労働者）の曲としても採用された。

戦後の陸上自衛隊でも「歩兵の本領」は、「歩兵」を「普通科」と言い換えて唄われており、現在でも唄われることの多い数少ない軍歌である。

また、ミャンマー国軍も、旧日本軍の影響で、この曲を行進曲として採用している。

ブレドー旅団の襲撃

「ホーヘンリンデンの夜襲」はナポレオン戦争に材をとったものだが、普仏戦争に材をとったのが「ブレドー旅団の襲撃」である。

この歌は陸士、陸幼では必ず唄われ、現在に至るも愛唱者が多い。また、この譜を借用した歌詞も多く、いかにこの曲が愛されたかがうかがわれる。

普墺戦争に勝利したプロイセンは、スペインの王位継承をめぐってフランスと対立、ライン川流域にプロイセンが進出したことで、危機感をいだいたナポレオン三世のフランス帝国は一八七〇年七月、プロイセンに宣戦布告して、普仏戦争が勃発した。プロイセンには他のドイツ連邦諸国が同盟を結んで参戦したため、全ドイツとフランスの戦いとなった。
大モルトケ参謀総長指揮下のプロイセン軍はメッツ附近でフランス軍と対峙したが、フランス軍が退却することを恐れて、一気に捕捉殲滅を企図、第三軍団に包囲殲滅を命じた。ところが、同軍団はフランスの第二、第三、第六軍団に逆に包囲され、全滅の危機に瀕した。このとき、ブレドー少将率いる騎兵旅団が勇猛果敢にフランス軍に襲いかかり、激戦のすえ、フランス軍を倒した。このときの騎兵旅団の精華を歌ったのが「ブレドー旅団の襲撃」である。

普仏戦争自体は九月のセダンの戦いで、十万のフランス軍が皇帝、ナポレオン三世とともに降伏したことで決着し、フランスはアルザス、ロレーヌ地方を割譲することとなった。「ブレドー旅団の襲撃」は日露戦争後に作曲されたが、作曲者は不明。作詞者は陸士十六期の山本盛重。

山本は鹿児島県出身、騎兵で、明治三十七年、日露戦争開戦の年に少尉任官。習志野の騎兵第一旅団騎兵第十五聯隊付となった。時の騎兵第一旅団長は日本騎兵の父といわれた秋山好古であり、日露戦争では山本も愛馬を駆って満洲の野でロシアと干戈を交えたであろう。その経験がこの詞を生んだと思われる。山本は大正六年に大尉で休職し、その後、軍籍を退いた。

詞はプロイセン軍に焦点を当てているため、ドイツびいきの多い陸軍では人気を博した。特に騎兵科ではよく歌われ、部隊では下士官兵も高唱した。

歌詞は十五番まであるが、一、二、三、四、六、八、十一、十三番を紹介する。

一　義を見て勇む武夫《もののふ》の心のうちぞ床しける
　　屍は野辺に晒すとも玲瓏の月は清く照り
　　芳名長く後の世に聞かずや高く謳わるるブレドー旅団の襲撃を
二　ああ見よ独の軍団は数倍《すばい》の敵を支えつつ
　　退《ひ》くにひかれぬ梓弓命の弦は危うくも
　　怒濤のうちに包まれんただ天運に任せつつ危機一髪のこの苦戦
三　友軍の急救うべく頼むは騎兵旅団のみ
　　さは言え神にあらぬ身の矢玉飛びかう只中に
　　如何で望みを果すべき進めば死すと知りつつも友軍の急捨て難し
四　虚空を翔ける天龍も雲を得ざれば力なし
　　今たけなわの戦いを他所《よそ》に眺めて切歯せし
　　九百《くひゃく》の騎兵計らずも進撃の命いま受けて勇み立つこそ健気《けなげ》なれ
六　両軍環視のその中に栄《はえ》ある駒を躍らせつ
　　敵全線の銃《つつ》先は我が身に今や集まりぬ
　　榴散弾や小銃火頭上に裂くる凄まじさ面《おもて》を向けん方もなし
八　悲惨の極は血の涙飛び来る弾丸《たま》は情《こころ》なく

幾多の勇士撃ち斃し主なき馬の走るあり
身はまだ傷を負わざるに馬の斃れて友軍の蹄の露と消ゆるあり
十一　敵の歩兵は難なくも突破し去りて砲兵の
陣地を襲い思うまま奪う敵砲数十門
遮る敵を蹴散らしつ斬撃突刺わがものぞわが太刀振え今ぞ今
十三　勝ちに誇りし騎兵団逃がるる敵を追い撃ちつ
縦横無尽に踏みにじり当たるを得てと斬り払い
敵兵ひとしく平《ひ》れ伏しぬ成功いかにと気遣いし騎兵の任務達したり

「ブレドー旅団の襲撃」と同じ譜の軍歌には、「嗚呼玉楼の（北に飛ぶ）」「対馬落ち（帝都の春の）」「筑行」「野砲兵の歌」などがある。

ちなみに騎兵科は昭和十五年の陸軍大改革で、宮城守衛の近衛騎兵聯隊を除いてほとんど廃止され、捜索聯隊に改編された。

星落秋風五丈原《ほしおつしゅうふうごじょうげん》

三国時代、支那は魏呉蜀の三国に分かれ、鎬《しのぎ》を削っていた。

二三四年二月、蜀の軍師、孔明諸葛亮《こうめいしょかつりょう》は十万の兵を率いて、魏を撃つべく遠征を行なった。迎え撃つ魏は、同じく軍師、仲達司馬懿《ちゅうたつしばい》が率いる軍勢が渭水《いすい》を背に、五丈原を望む位置に陣どった。蜀の孔明は再三、魏軍のおびき出しを図ろうとしたが、魏軍はそれには乗らず、陣地から出なかった。

帯陣二百日近くとなった八月、孔明は病いを得て、にわかに薨じてしまう。このため、蜀軍は孔明の死を秘したまま、軍をまとめて引き上げることになった。それを見た仲達の魏軍は、蜀軍を追撃しようとしたが、蜀軍は、逆に陣を戻して、魏軍を迎え撃つ態勢をとった。あわてたのは魏軍、孔明が罠をしかけたと勘違いして、さっさと部隊を引き揚げてしまった。後に、このとき、すでに孔明が病死していたことを知った人々は、「死せる孔明、生ける仲達を走らす」と語ったという。

これに対して仲達は「私は生きた者と戦うことは得意だが、死んだ者と戦った経験はない」と苦しい言い訳をした。

土井晩翠はこの状況を七五調の三十七節の長大な叙事詩にして、明治三十一年、詩集「天地有情《うじょう》」に発表した。このうち最初の七節のみを取り出したのが、「星落秋風五丈原」である。したがって歌詞は七番までである。作曲者は不明。

土井晩翠は明治四年、仙台市生まれ、旧制二高、東京帝大を卒業した詩人、英文学者。「荒城の月」の作詞者としても知られる。

一、二番を紹介する。

一　祁山《きざん》悲秋の風更《ふ》けて　陣雲暗し五丈原

零露《れいろ》の文《あや》は繁くして　草枯れ馬は肥ゆれども
蜀軍の旗光なく　鼓角《こかく》の音も今静か
丞相病《じょうしょうやまい》あつかりき　丞相病あつかりき
二
清渭《せいい》の流れ水やせて　咽《むせ》ぶ非情の秋の声
夜は関山の風泣いて　闇に迷うか雁《かりがね》は
令風霜《れいふうしも》の威もすごく　守る砦の垣の外
丞相病あつかりき　丞相病あつかりき

蜀の立場から作られた詩である。

祁山は現在の甘粛省の南西部にある山で、孔明が魏の攻略のため、何回も攻めたところ。その麓の五丈原を望み、孔明の病いが篤いことから、蜀の軍勢の意気は上がらない。鼓角の響きとは戦闘の際に部隊を鼓舞する鼓の音や角笛のことである。

清渭は清い渭水のことで、蜀軍は渭水を望む位置に陣をしいているが、守勢一方で、このままでは蜀軍の士気は落ちるばかりである。

令風とは冷風のこと。旧暦の八月は現在の十月上旬。すでに秋である。

清い渭水もいずれ濁った黄河に合流する。三代とは前漢、後漢、蜀漢であろう。王室は紀元前三世紀の高祖、劉邦以来、後漢の劉秀、蜀漢の劉備と劉氏が担ってきた。この時の蜀の皇帝は劉備の子の劉禅。五百年にわたる劉氏の王室も、終わりに近づいている。理想国とされた周を偲ぶよすがもない。春秋時代の賢相とされた管仲が亡くなって九百年、戦国時代の名将、楽毅が滅んで四百年、いま諸葛孔明が亡くなろうとしている。漢室の世は滅亡の淵にある。

詞の大意はこのようなものであろう。

孔明が天下三分の計を謀った三国時代は二五八年に事実上、呉が滅亡し、二六三年に蜀も滅んで、魏に統一されるかにみえた。しかし、司馬仲達の孫の司馬炎は、魏の皇帝、元帝を廃して、自ら武帝と名乗って、魏を乗っ取って帝位に就いた。これが西晋である。次いで東晋が継ぎ、北に北魏が建国し、さらには五つの非漢民族が入れ替わり立ち替わり十六の国を建国する五胡十六国時代を迎える。再統一されるのは諸葛孔明が死んでから三百四十七年後の隋の文帝（楊堅）の時代まで待たねばならない。

哀愁漂うこの曲は、軍歌ではあるが、むしろ、一般国民の間で広く唄われた。現代でも、この歌を本来は軍歌とは知らずに唄う人は少なくない。

白虎隊

歴史的軍歌の最後は「白虎隊」である。白虎隊はいうまでもなく、戊辰戦争の会津の戦いにおいて、飯盛山で自刃した少年隊のことである。

戊辰戦争に際し、会津藩は新政府軍を迎え撃つため、全藩を四つの部隊に編成した。十八―三十五歳の朱雀隊、三十六～四十九歳の青龍隊、五十歳以上の玄武隊、そして十六、七歳

の白虎隊である。（年齢は数え年）

白虎隊は、上士の子弟による士中一番隊と同二番隊、中士の子弟による寄合一番隊、同二番隊、さらに足軽の子弟による足軽隊の五個隊によって編成された。飯盛山で自刃したのは士中二番隊である。

同隊は当初、隊士四十二人で編成されたが、病気などで五人が不参加となり、三十七人が出陣した。隊長一人、小隊長二人、分隊長に相当する半隊長二人の計五人の成人士官が引率しており、出陣時の総数は隊長以下四十二人である。

年齢的に、後方支援の任務が与えられていたが、新政府軍の進撃が予想以上に早く、これを邀撃《ようげき》するため、会津城の東方約七キロの戸ノ口原の防衛戦に投入された。一度は敵を撃退したが、物量に勝る新政府軍の前にバラバラとなり、士官も行方不明になってしまう。このため、十七歳の篠田儀三郎が指揮を執ることになった。

集結した十六人はひとまず、飯盛山を目指した。そこから鶴ケ城を遠望すると、市街にはすでに黒煙が立ちこめ、敗色は濃厚。城に入るのを断念し、敵に捕まるぐらいならと、自刃を決意する。十六人は腹を切ったり、差し違えたりして、順次自刃した。だが、飯沼貞吉（後、貞雄）は、通りかかった足軽の妻によって、まだ息があるところを助けられ、一命をとり留めた。その後、さらに二人ずつ二組の四人が飯盛山にたどり着き、自刃している仲間を見て、あとを追った。したがって飯盛山で命を断ったのは十九人ということになる。

この歌は明治三十八年に国定小学校（高等科二年）唱歌に掲載されたもので、軍歌というより唱歌の趣きが強いが、偕行社発行の『軍歌　雄叫』には「歴史的軍歌」として収録されている。作詞者は不詳、作曲者は田村虎蔵。田村は鳥取県出身の音楽家で、東京音楽学校を卒業、同校助教授となり、「きんたろう」「青葉の笛」「一寸法師」「うらしまたろう」などを作曲しており、当時、有名な唱歌作曲者であった。

白虎隊を歌ったものでは、佐藤盛純の七言律詩「白虎隊」の詩吟の一部を挟む、「戦雲暗し」で始まる歌があるが、これは昭和二十七年に、嶋田磐也作詞、古賀政男作曲、霧島昇歌で発表されたもので、軍歌とは関係ない。

「白虎隊」は四番まであるのですべて記す。

一　霰《あられ》の如く乱れくる　敵の弾丸ひきうけて
　命を塵《ちり》と戦いし　三十七の勇少年
　これぞ会津の落城に　その名聞こえし白虎隊

二　味方少なく敵多く　日は暮れ果てて雨暗し
　はやる勇気はたわまねど　疲れし身をば如何せん
　斃《たお》るる屍《かばね》流るる血　頼む矢玉も尽き果てぬ

三　残るは僅か十六士　一たび後に立ち帰り
　主君の最後に逢わばやと　飯盛山に攀《よ》じ登り
　見れば早くも城落ちて　焔は天を焦がしたり

四　「臣子の務はこれまでぞ　いざ屑《いさぎよ》く死すべし」と
　　枕ならべて快く　刃に伏しし物語
　　伝えて今に美談とす　散りたる花の芳しさ

「三十七の勇少年」とか「残るは僅か十六士」など、史実を踏まえて作詞されている。曲は明るい長調で、悲壮感はない。軍歌として収録されてはいるが、この歌が軍隊で唄われた形跡はほとんど見出せない。長州出身者が上層部を占める明治の陸軍において、「白虎隊」を称える歌が、広く唄われたとは考えにくい。しかし、会津若松で編成された歩兵第二十九聯隊、仙台の歩兵第四聯隊、山形の歩兵第三十二聯隊など、東北の部隊では唄われたかもしれない。少年でありながら、「敵に捕まるぐらいなら自刃する」という発想は、陸軍においても思想を共有するところであったろう。

一方、この歌は会津若松市内の小学校の運動会などでは、戦後の一時期まで流され、同市では現在でも唄える人が少なくない。

軍歌というと、右翼的、侵略的、あるいは悲壮感あふれる短調のイメージを想起する人もいるであろうが、明治期の軍歌は、長調が多く、西洋音階に則った、元気はつらつたるものが多い。この歌のように、元来、唱歌として作られたと思われるものもあり、西洋音階の歌が少なかった当時においては、軍歌も唱歌も同じように、小学生から大人まで、広く国民に親しまれたのである。

第二章　陸軍の学校の歌

陸軍士官学校校歌

陸軍の学校の歌の一番手は「陸軍士官学校校歌」であろう。「校歌」が作られたのは大正十年。陸軍士官学校（陸士）が開校したのは明治七年であるから、それまで「校歌」は存在しなかった。陸士は明治七年に開校した旧陸士（士官生徒隊）と明治二十年に開校した陸士（士官候補生隊）に分けられる。

大正九年、開校記念日を六月十日に変更するに際して、在校生から歌詞を募集し、予科に在籍していた寺西多美弥の詞が採用された。作曲は陸軍戸山学校軍楽隊。

寺西は神奈川県出身、横浜一中（現神奈川県立希望ヶ丘高校）から、仙台陸軍幼年学校、陸士三十六期卒。大正十三年、砲兵少尉任官、航空兵科に転科し、明野飛行学校付、同校教官、航空本部員、第二飛行大隊長などをへて、十三年八月、少佐のとき、飛行第六十四戦隊長となった。寺西の次の次の同隊長は、加藤建夫中佐（戦死後、二階級特進で少将）で、「加藤隼戦闘隊長」として有名である。加藤は寺西の仙幼の一年後輩でもあった。

寺西は十六年に中佐に昇進、十八年八月から第十四飛行団長となったが、同年十月十一日にウエワクで戦死した。戦死大佐。陸士三十七期の加藤が戦死をしたのは昭和十七年五月である。

寺西と同期の陸士三十六期には、閑院宮春仁王、辻政信、西郷従吾（西郷従道の孫）、山県有光（山県有朋の孫）、二・二六事件で蹶起趣意書を書き、自決した野中四郎らがいる。

「校歌」は八番まであるので、すべてを紹介しよう。

一　太平洋の波の上　昇る朝日に照り映えて
　天《あま》そそり立つ富士が峰《ね》の　永久《とわ》に揺るがぬ大八洲《おおやしま》
　君の御楯と選まれて　集まり学ぶ身の幸《さち》よ

二　誉れも高き楠の　深き香りを慕いつつ
　鋭心《とどころ》みがく吾らには　見るも勇まし春ごとに
　赤き心に咲き出づる　市ヶ谷台の若桜

三　隙《ひま》ゆく駒のたゆみなく　文武の道にいそしめば
　土さえさくる夏の日も　手にぎる筆に花開き
　星欄干の霜の晨《あさ》　揮《ふる》う剣《つるぎ》に龍おどる

四　戸山代々木の野嵐に　武を練る声も勇ましく
露営の夢を結びては　身を習志野の草枕
水路遙けき館山に　抜き手翡翠のあざやかさ

五　学びの海の幾千尋　分け入る底は深くとも
立てし心の撓《たゆ》みなく　努め励みて進みなば
龍《たつ》の顎《あぎと》の玉をさえ　いかで取り得ぬことやある

六　思えば畏《かし》こ年ごとに　行幸《みゆき》しまつる大君の
玉歩の跡も度《たび》しげく　賤《しず》に交じりて皇子《すめみこ》の
学びましもこの庭ぞ　実《げ》に光栄の極みかな

七　いざや奮いて登らばや　困苦の岩根踏みさくみ
理想の峰に意気高く　鍛え鍛うる鉄脚の
歩ごと聞かずや誠心《まごころ》を　国に捧ぐるその響き

八　ああ山行かば草蒸《む》す　ああ海行かば水漬《みずく》とも
など顧みんこの屍《かばね》　われらを股肱とのたまいて
いつくしみます大君の　深き仁慈《めぐみ》を仰ぎては

二番の「誉れも高き楠」は大楠公をイメージしている。三番の「隙ゆく駒」とは時間の流れのことである。五番の

東京・市ヶ谷に建つ陸軍士官学校本部庁舎

「龍の顎の玉を」とは、入手がきわめて困難なもののたとえ。努力をすれば、どのようなものも手に入れることができるということ。

六番の「行幸」は、大元帥陛下である天皇陛下が、毎年、陸士の卒業式に行幸されたことを指す。

六番の「学びましもこの庭ぞ」は、皇族が実際に在校されている時は「今も親しくおわします」と唄い替えた。

陸士は東京・市谷に発足、市谷台と称したが、大正九年には陸軍中央幼年学校（中幼）が陸士予科に改編され、陸士は陸士本科となった。さらに昭和十二年には陸士本科は陸士にもどり、神奈川県座間に移転、陸士予科は陸軍予科士官学校と名を改め、昭和十六年、朝霞に移転した。座間を相武台、朝霞を振武台と称する。このため、曲は同じだが、相武台用校歌、振武台用校歌が作られ、地名など、歌詞に異同があるが、紙数の都合で割愛する。

寺西のオリジナルは一番の出だしが「大瀛《たいえい》の波清く寄せ」であったが、変えられた。また、本科では三番の「文武の道」は「只武の道」に、「手にぎる筆」は「手にぎる銃《つつ》」に替えられて唄われた。

陸軍中央幼年学校校歌

陸軍中央幼年学校（中幼）の正式な誕生は明治二十九年である。

当時は中学一年、もしくは二年修了後、地方幼年学校を受験し、三年間学んだ後、中幼に進んで二年学ぶシステムだった。このため、当時の幼年学校の歌には、「五年《ごとせ》の春」「五年《ごとせ》の我らが心」など、地幼と中幼を合計した「五年」を強調する歌詞が多い。

地幼、中幼とも階級章は赤ベタ、二等兵の下だが、階級章には山が付き、横には幼年生徒徽章を付けて、将校生徒と分かるようになっていた。

中幼を卒業すると、上等兵の階級章を付けて部隊で隊付《たいづき》勤務をし、隊付のうちに伍長に進級した。上等兵のときは兵と起居をともにして兵隊の生活を体験し、伍長になると、内務班長、分隊長としての任務をこなした。隊付した部隊を出身聯隊（大隊）、あるいは原隊という、終身、誇りにした。四ヵ月から半年の隊付の後、原隊から派遣される形で、陸軍士官学校に入校した。したがって、例えば、近衛歩兵第一聯隊を出身聯隊とする者は、陸士では「近衛歩兵第一聯隊士官候補生」と呼ばれ、出身聯隊の一員として扱われた。陸士での階級章は軍曹である。

中幼は大正九年に廃止になり、陸士予科となったため、校歌が作られたのは、大正十年の陸士よりかなり前である。

校歌はなぜか二曲あるが、仮に第一、第二として、まず、第一を紹介しよう。五番まであるが二番まで。

一　あわれ雄々しき極みなる鉄をも熔かさん炎熱も
　　指をも落とさん極寒も朝《あした》に仰ぐ芙蓉峰

二　夕べに回《めぐ》る琵琶の湖桜花爛漫帝京の
　　北に聳えて香《かぐわ》しき学びの窓は粛として
　　文武の道を競うなる六百有余の益良夫が
　　威ありて猛き群を抜き岩をも砕かんばかりなり

七五調六連である。内容は一、二番通して完結する文章体。意味は文章の通りだが、中幼は陸士と同じ市谷台にあったため、「帝京の北」としている。中幼には予科（東京）、仙台、名古屋、大阪、広島、熊本の六つの地方幼年学校で三年間学んだ者のみが入校した。各地方幼年学校は定員五十人、計三百人、それが二学年分で「六百有余の益良夫」となるのである。中幼にいる間は「士官生徒」と呼ばれる。この歌の作詞作曲者は不明。この歌詞は後に、「朝鮮国境守備隊の歌」の「銃《つつ》とる双手《もろて》は落つるとも」「日ごと百度の炎熱に」など、多くの軍歌に影響を与えている。

校歌の第二である。九番まであるが一、二番だけ紹介しよう。

一　芙蓉千古の雪白く大瀛《たいえい》の水波蒼《あお》し
　　万朶《ばんだ》の桜朝日影秋水露は玉と散る
　　天地に満つる正大《せいだい》の気は市ヶ谷の花と知れ
二　ああ市ヶ谷にそそり立つ学びの窓に九重の

光は常にさし添いて光《はえ》ある庭に打ち集い
　文武の道を辿り行く健児の胸に覚悟あり

　第一と同じ七五調六連である。

　作詞者は不明だが、曲は「遼陽城頭夜は闌《た》けて」で有名な「橘中佐（上）」と同じ。作曲者は安田俊高。

　橘周太中佐は日露戦争の軍神で、明治三十七年年八月に戦死、歌は同年秋には作られた。作曲者の安田は、橘がかつて校長を務めた名古屋陸軍地方幼年学校の唱歌担当の教官であった。一番の「芙蓉（富士山）千古（永遠）の雪」と「大瀛の水波蒼し」は対句である。その後の「天地に満つる正大の気」と合わせ、幕末の思想家、藤田東湖の壮大な国体賛歌ともいえる七十四連からなる五言律詩「和文天祥正気歌」の出だし、「天地正大気《てんちせいだいのき》　粋然鐘神州《すいぜんとしてしんしゅうにあつまる》　秀為不二嶽《ひいでてはふじのやまとなり》　巍々聳千秋《ぎぎとしてせんしゅうにそびえる》　注為大瀛水《そそぎてはたいえいのみずとなり》　洋々環八州《ようようとしてはっしゅうをめぐる》」を強く意識している。安田の出身地は不明だが、水戸学を学んだことは確かだろう。

　日本の学制は大正九年までは九月始業、七月終業、八月は夏休みであった。したがって、同学年生は九月生まれから八月生まれまでで、早生まれは八月三十一日までであった。しかし、全国のあらゆる学校が大正九年から四月新学期となった。

　これに合わせたわけでもないだろうが、同年、中幼は廃止され、陸士予科となり、幼年学校出と中学出が共に学ぶようになった。それまでの中学出はいきなり隊付をさせられていたのである。

大正九年以降、中幼はなくなり、中幼校歌を歌う者はいなくなった。そこで、同十年に陸士の校歌が募集されたと考えられる。

東京陸軍幼年学校校歌

陸軍中央幼年学校に入るには、六つの地方幼年学校のどれかを卒業しなければならなかった。中幼予科（東京）、仙台、名古屋、大阪、広島、熊本の六校である。これをあわせて六《ろく》幼《よう》といった。大正九年に中幼が廃止された後は、中幼予科は東京陸軍幼年学校と名称変更、各校も「地方」の名を外した。

幼年生徒制度は明治初年からあったが、陸軍の学制として正式に発足したのは明治三十年九月である。この年、六校に各五十人ずつの一期生三百人が入校した。彼らは後に陸士十五期生となるが、陸士十五期生の卒業生総数が七百六人であることをみれば、幼年校出身者が、いかに中枢を占めていたかが分かる。

幼年校は三百人を一括採用し、本籍地などを考慮して、各校に振り分けたが、当時の受験倍率はだいたい五十倍であったという。

明治三十七年に日露戦争が勃発すると、陸軍は陸士十七、十八期を繰り上げ卒業させ、一般中学のみから十九期生を募集した。この結果、幼年校四期は陸士十八期であるが、幼年校五期は陸士二十期となった。したがって、陸士十九期はすべて中学出身者、陸士二十期は全員、幼年校出身者である。以後、終戦まで陸士の期から十五を引いた数が幼年校の期である。ちなみに、海軍兵学校の同期は陸士の期に十五を足す。

大正末期には宇垣軍縮があり、幼年校も順次閉鎖された。大正十一年に大阪が、同十二年に名古屋、同十三年に仙台、昭和二年に熊本、同三年に広島が閉鎖され、継続したのは東京だけとなった。

その後、満洲事変、支那事変が起こり、昭和十一年には広島が、十二年に仙台、十四年に大阪、名古屋、熊本が復活、募集人員も昭和十四年入校の四十三期以下、四十四期、四十五期、四十六期は各校約百五十人、四十七期は各約百八十人、四十八期は各約二百五十から三百五十人、最後の昭和二十年四月入校の四十九期は各約二百十から三百七十人に増大した。

まずは「東京陸軍幼年学校校歌」。四番まであるのですべて記す。

一　戸山が原の朝づく日　富士の高嶺の夕映えも
　希望の窓に照りそいて　甍そびえる我が武寮
　集える健児の身《むくろ》には　赤き血潮のたぎるあり

二　大内山の松風は　絶えず我らに吹きそいて
　金枝玉葉蔭ふかく　仁慈《めぐみ》も光栄《はえ》もしるきかな
　集える健児の心には　堅き志操のなからめや

三　世界に又なき皇国《すめぐに》の　未来の干城《みたて》と立たん身の

手折りかざすは美しき　至誠正義の花紅葉
花や紅葉と散りぬとも　名は万代《よろずよ》に残さなん
四　重き任務《つとめ》の遠路《とおみち》に　そばたち続く千山も
五条の勅諭《みこと》身につけて　いざ踏み越えん勇ましく
君と国とのためならば　水火の中をも厭《いと》わじを

制定は大正十一年。この前後は陸軍の学校の校歌が頻繁に作られている。作詞は東幼二十五期生だが、名前は伝わっていない。二十五期（陸士四十期）は大正十年に入校しているので、作詞者は二年生、十四、五歳で作詞したことになる。当時の生徒の教養のレベルの高さがしのばれる。作曲は陸軍戸山学校軍楽隊。幼年校には校歌とは別に、行軍のための行軍歌があるが、東幼の行軍歌は校歌と詞が同じである。作曲はこれも戸山学校軍楽隊。

幼年校生徒は「学術優等」「身体強健」「品行方正」「志操堅固」の四字熟語四つで現わされるとされていたが、詞にもそれが現れている。

二番の「大内山」とは宮城、現在の皇居のこと。「金枝玉葉」とは天皇家の一門という意味で、皇族を指す。皇居に吹く風は、自分たちの校舎にも吹いているとして、皇室との一体感を強調している。

三番の「世界に又なき皇国」は万世一系の天皇を戴く、世界に類例のない国体を賛美している。

このように東幼生徒は、天皇、皇族に近侍して学んでいるとの自負心があった。四番の「五条の勅諭」とは「忠節、礼儀、武勇、信義、質素」の五ヵ条の教えからなる軍人勅諭のことである。教育勅語は天皇が「臣民に語る」ことから「勅語」といい、御名を記し、御璽を押すが、軍人には「諭す」意味から「勅諭」といい、「御名」のみで、「御璽」は押さない。

現在の新宿区戸山にあった東幼は昭和十九年、現在の東京都八王子市長房町に疎開、移転、一番の出だしは「大武蔵野の朝づく日 秩父の高嶺の夕映えも」と換えて唄われた。

仙台陸軍幼年学校校歌

大正から昭和にかけて五校が順次閉鎖されたため、東京以外の五校は校歌も新旧二曲がある。

東幼以外の五校の校歌を北からみていこう。

仙台陸軍幼年学校は大正十三年に閉鎖され、昭和十二年に復活した。旧校は榴ヶ岡《つつじがおか》、現在の仙台市宮城野区五輪にあったが、新校は三神峯《みかみね》、現仙台市太白区三神峯に置かれた。旧校歌は五番まであるが、三番まで記す。

一　榴ヶ岡の春の花　嘶く駒も勇ましく

宮城野原の秋の月　澄むその影もいと清し
この眺めをば我が庭と　巍然《ぎぜん》たてるは我が校ぞ
二　煙波縹渺《えんぱひょうびょう》三千里　太平洋は天を呑み
朝日吐きだす金華山　星羅万点千松島《ちまつしま》
天下秀麗集まれり　あにそれ健児なからめや
三　乗り出す誠の船路には　忠節の檣《マスト》いや高く
武勇の風を帆に孕《はら》み　礼節信義の櫂や舵
詔勅はこれ羅針盤　質素の錨も備われり

巍然は高いようす、煙波縹渺とは波が果てしなく続いているさま、星羅万点とは満天の星屑、千松島は日本三景の松島の多くの島々を指している。三番には軍人勅諭の「忠節、礼儀、武勇、信義、質素」の五ヵ条がちりばめられている。

作詞作曲は、同校教官の四竈仁邇《しかまじんじ》。四竈は旧仙台藩士の子で一八六三（文久三）年生まれ、号は訥堂《とつどう》、音楽家、書家としても名高く、仙幼が閉鎖された後は、宮城県立盲啞学校（現視覚支援学校）の校長となった。大東亜戦争開戦の昭和十六年没。

当時流行の七五調六連の詞である。復活した後に作られた新校歌も七五調六連で四番まであるが、三番まで紹介する。

一　大瀛潮《たいえいしお》の高鳴れば　朔北山は雲を吐き
扶揺に搏《う》つや若鷹の　嵐に挑む陸奥《みちのく》に
菊花燦たり尊皇の　旗幟《はたて》ぞ靡《なび》く我が武窖
二　九思《きゅうし》山上歳寒の　松嘯《うそぶ》けば三神峯に
天籟高く和《かぞ》えつつ　御野立《おのだち》の跡いや聖《きよ》み
競う健児の目庇《まびさ》しに　見よ黎明の星光る
三　天霧《あまぎ》る蔵王颪し来て　勁草萠ゆる名取野や
霞む牡鹿の陸《くが》の果て　太平洋は蒼穹《そら》浸《こ》す
雄大の風剛健の　気は秀麗の地にぞ凝る

大瀛は大海原、朔北は北の方角、扶揺は日本の美称で、扶桑と同義、九思山の九思は論語「季子編」に登場する人生訓的なことば、天籟は風が物に当たって鳴る音、転じて天からの音。御野立は明治四十一年十月、皇太子殿下（大正天皇）が仙幼に行啓され、松を植えられたことを指す。この松を「歳寒の松」という。三番には仙台近郊の地名を配す。

作詞は教官、清水吾郎、作曲は同じく佐藤益喜。佐藤は当時、宮城県では有数の音楽教育家で、彼が作曲した校歌はかなりの数にのぼる。

昭和十八年二月から十九年十一月まで校長を務めた千田貞季は、戊辰戦争に参加した薩摩藩士で、広島、新潟、和歌山、京都、宮崎などの県令、知事を務め、男爵、貴族院議員となった貞暁の次男。一歳上の兄、貞敏は第二十八根拠地隊司令官としてビアク島で玉砕、戦死している。海軍中将。

千田貞季は中幼予科（東幼）十一期、陸士二十六期、仙幼校長を辞した後、小笠原兵団第百九師団混成第二旅団長として硫黄島に出征、突撃戦車中隊を編成し、米海兵隊の上陸正面に肉薄攻撃を敢行、米海兵二千八百八十人を屠り、敵をして迂回上陸を余儀なくさせた猛将である。戦死中将。

仙幼一期には、仙台藩士の子で、支那事変時の参謀次長、後に大将となった多田駿、その一期後輩には奉天特務機関長、後に大将になり、A級戦犯として処刑された土肥原賢二、仙幼六期には庄内藩士の子で、関東軍参謀や参謀本部第一部長を歴任し、陸軍の偉才とされた石原莞爾、十六期には戦時中、スウェーデン武官として、ヤルタ会談後、ソ連の対日参戦を警告し続けた小野寺信らがいる。

また、終戦時の在校生としては、麻布中二年修了で入校した精神科医で作家のなだいなだ（本名、堀内秀）、東京府立五中（現小石川高）二年修了で入校した作曲家のいずみたく（本名、今泉隆雄）、東京府立六中（現新宿高）から一年修了で入校した社会学者の加藤秀俊らがいる。いずれも終戦時二年生の四十八期である。

名古屋陸軍幼年学校校歌

名古屋陸軍幼年学校は大正十二年閉鎖、昭和十四年に復活した。

旧校歌は十二番まであるが、四番までを記す。

一　蓬蒿《ほうか》深く月冴えて　松風高き清洲城
　　今中村の旧草蘆《そうろ》　蓋世の英雄夢の跡
二　思いを馳する三百年　烽火焔々天を焼き
　　龍攘虎搏《りゅうじょうこはく》ものすごく　万骨枯るる幾歳か
三　織豊両雄あい継いで　英風偉略世に秀で
　　英鋭前なく妖氛《ようふん》を　攘《はら》いて天日復《ま》た明かし
四　蘇水洋々尽くるなく　覇業の跡の草青し
　　暁霧模糊たり桶狭間　晩霞は鎖《とざ》す小牧山

詞は七五調四連である。

名古屋は愛知県の県庁所在地。愛知県は尾張、三河の二国からなったが、二国出身の英雄といえば、織田信長、豊臣秀吉、徳川家康である。地元では三英傑と呼ぶ。

旧校歌の作詞者も作曲者も伝わっていないが、十一番に「開校ここに二十年」とあるから、大正五、六年の作であろう。

信長が拠った清洲城、秀吉の生まれた中村、信長が今川義元を討った桶狭間、家康が秀吉と戦った小牧などの地名がふんだんにちりばめられている。

蓬蒿は草深い様子、蓋世は世を覆うほど力のあること、龍攘虎搏は互角の力のある者が争う様。妖氛は怪しい空気。蘇水は伊勢湾に注ぐ木曽川の漢風の呼び名である。名古屋を中心とした中部東海地方の歴史を踏まえた壮大な叙事詩のような歌詞である。四番は後に陸軍飛行第二戦隊（岐阜・各務ヶ原）の戦隊歌の一番に、一部を変えられて転用された。それは「蘇水洋々尽くるなく　暁雲模糊たり白帝城　晩霞は閉ざす大空に　仰ぐは雪の玉芙蓉　見よ飛行二戦隊」。

観武台と命名された新校の校歌の詞は同校職員の合作、作曲は同じく音楽教官である。四番まであるが、二番まで記す。

一　東海の天雲晴れて　朝日耀く尾州原
　熱田の宮居千木《ちぎ》高く　流れも清き木曽川や
　威容名だたる金鯱城　神洲正気凝《こ》るところ

二　遠くは織豊両雄の　近くは軍神橘の
　遺芳《かおり》を添えて咲き出づる　観武台下の若桜
　末は御国の干城と　文武に励む我らかな

七五調六連のオーソドックスな歌詞である。金鯱城は金のしちゃちほこを戴く名古屋城のこと、軍神橘とは、明治三十五年四月から同三十七年四月まで第二代校長を務めた橘周太少佐のことである。

橘少佐は長崎県出身、幼年生徒を経て、旧陸士九期を卒業、近衛歩兵第四聯隊で少尉任官、明治二十四年から四年間、東宮（後の大正天皇）の御附武官を務め、信任厚かったという。

明治三十七年二月、日露戦争が始まると、四月に第二軍管理部長となり、八月一日付で静岡の歩兵第三十四聯隊第一大隊長となって出征、八月三十日の満洲・遼陽附近の首山堡《しゅざんぽ》攻撃に先頭を切って進み、数多の敵弾を受けて翌三十一日、戦死した。戦死中佐。

戦後、軍神として祀られ、軍歌、「橘中佐」（上下）が作られた。地元長崎の千々岩《ちぢわ》湾は橘湾と改名されたほどだった。また、静岡聯隊が置かれた駿府城跡には銅像が建立された。

昭和の幼年校校長は大佐か少将がほとんどだが、明治期の校長はほとんどが少佐だった。明治の少佐は昭和の大佐ともいわれ、それだけ軍人の階級の価値が高かった。

名幼の跡地は現在、中部管区警察学校となっている。

名幼出身者で異色なのは大杉栄であろう。明治十八年、香川県丸亀市に、陸軍軍人の家に生まれた大杉は明治三十二年に、新潟県立新発田中学二年修了から三期生として名幼に入校。しかし、束縛を極端に嫌う性格で、上官や同期生との折り合いが悪く、傷害事件を起こすなどして退校処分となる。後に無政府主義者となったが、大正十二年の関東大震災の際、東京憲兵隊麹町憲兵分隊長の甘粕正彦大尉に殺害された。甘粕も名幼出身で、六年先輩の大杉を、「『名幼の恥』として許せなかった」と軍法会議で証言している。後に甘粕は満洲映画理事長となり、終戦直後、自決している。

終戦時の生徒には、作家の加賀乙彦（本名、小木貞孝）がいる。加賀は府立六中（現都立新宿高校）一年修了で名幼に入校、終戦時三年の四十七期生である。戦後、東大医学部を卒業、精神科医、作家となった。

大阪陸軍幼年学校校歌

大阪陸軍幼年学校は大正十一年廃止、昭和十四年に復活した。旧校歌は三番まであるので、すべて記す。作詞作曲者は不明。

一　高津の宮の昔より　ゆかりも深き木《こ》の花の
　武士ちょう道は大御勅《おおみこと》　五ケ条守るほかならず

二　遠きは忠臣楠公も　近くは武神藤公も
　みなこの道の誠なる　大和心の花ぞかし

三　勉めて往かば在天の　御霊のふゆの冬籠り
　今こそ春と大君の　御前に武士の花や咲く

七五調四連の歌詞である。

大幼の旧校は大阪城の西南、大手前之町、現在の大阪市中央区大手町四丁目にあった。跡地は大阪家庭裁判所、NHK大阪放送局、大阪市立東中学校などになっている。

一番の高津の宮は第十五代仁徳天皇の宮都である難波宮のこと。仁徳天皇は高台に立たれて、国見をされたところ、民の家々の竈から煙が立ち上っていないことから、民の貧窮を思って三年の間、税を免除されたとされ、聖帝と慕われた。木の花は大山祇神《おおやまずみのかみ》の娘で、海幸彦、山幸彦の母である木花開耶姫《このはなさくやひめ》のこと、大阪市此花区の区名は、同姫にちなむ。

五ヵ条は軍人勅諭の「忠節、礼儀、武勇、信義、質素」の五つの教えである。

二番の楠公は楠木正成、藤公は加藤清正。いずれも関西にゆかりの深い武将である。

三番の「御霊のふゆの冬籠り」は古今集の「難波津に咲くや木の花冬籠もり今や春べと咲くや木の花」を踏まえ、幼年学校生も冬の厳しいときを経て、やがて春には立派な将校になることを喩えている。

新校は昭和十四年に復活したが、一年間は東京・市ヶ谷の予科士官学校の東分校に間借りして、東幼の上級生の指導を受けた。皇紀二千六百年に当たる十五年に現在の大阪府河内長野市に新校舎が完成、移転した。新校は千代田台と命名された。現在は国立大阪南病院、府立長野北高校などがある。

新校歌は三番まであるので、すべて紹介する。

一　菊の御紋章光栄《みしるしはえ》に輝く千代田台
　　勅諭《みこと》かしこみ朝夕な御稜威《みいつ》を仰ぐ御垣守吾《みかきもりわれ》

二　至誠純忠剛健持久の道を践《ふ》み
金剛山下菊水の流れを掬《むす》ぶ御垣守吾

三　皇　軍《すめらみいくさ》統べさせ給い八紘《あめのした》
仁慈《めぐみ》あまねき大君の辺にこそ死なめ御垣守吾

校歌としては大変珍しい七七五七五七七調である。曲もゆったりとして雅楽を思わせる。作詞は国語教官の合作、作曲は信時潔《のぶとききよし》。信時は明治二十年、大阪市生まれ。東京音楽学校（現東京芸術大学）出身、「海行かば」の作曲者として著名である。また、慶應義塾塾歌、学習院歌、成蹊大、専修大、開成学園、桜蔭学園、浅野学園、本郷学園を始めとする全国の大学、高校、中学、小学校の校歌、団体歌、社歌を作曲した。その数、千曲以上といわれる。

新校歌の意味は分かりやすいが、楠木正成の家紋である菊水や、金剛山が登場して、最後まで後醍醐天皇に尽した大楠公の遺徳を偲んでいる。各番最後の御垣守は古代、中世において天皇を守る近衛兵のような存在のこと。

大幼出身者としては、張作霖爆殺事件の河本大作（一期）、陸士十六期の三羽烏といわれ、終戦直後の東久邇宮内閣で国務大臣を務めた小畑敏四郎（二期）、「敵中横断三百里」などで知られる作家の山中峯太郎（四期）、ハルピン特務機関長としてユダヤ人の救済に当たり、ユダヤ人から恩人と慕われた樋口季一郎（六期）、第三十一軍司令官としてグアムで戦死し、大将となった小畑英良（八期）らがいる。

山中は中幼四期を二番の恩賜で卒業、陸士十八期に進んだが、病気で一年遅れて十九期で卒業。近衛歩兵第三聯隊で任官、明治四十三年、陸大二十五期に入校した。陸大二十五期は陸士十三期から十八期まで入校したが、十九期の山中は早い入校で、陸軍の逸材として期待された。が、陸大を中退、その後、近衛歩兵第三聯隊の大尉のときに依願退職して朝日新聞の記者になり、作家の道に進んだ。

詩人となった三好達治（十九期）も大幼である。三好は朝鮮・会寧の工兵第十九聯隊で士官候補生を務め、陸士三十四期に進んだが脱走事件を起こして退校となった。その後、三高、東大仏文科に進み、詩人になった。脱走の理由は明らかではない。

新校では終戦時二学年生徒の四十八期生に通産事務次官からアラビア石油の社長になった小長啓一、日銀監事を務めた木村太郎、東大名誉教授の石井威望がいる。一学年生徒、四十九期には警視総監、宮内庁長官を務めた鎌倉節がいる。

幼年学校では校歌以外の歌も多く唄われた。大幼だけでも新旧行軍歌、再興記念歌、寮歌、さらには各校共通の歌が唄われた。

大幼の最後の校長は、中幼予科（東幼）出身で陸士二十三期、陸大三十期の大野宣明少将である。

広島陸軍幼年学校校歌

広島陸軍幼年学校は昭和三年廃止、昭和十一年に復活した。廃止となった五校の中では廃止期間が最も短い。

旧校歌は八番まであるが、三番まで紹介する。

一　北に見ゆるは大本営　南に立つは凱旋碑
　　高き御稜威《みいつ》の御跡ぞと　朝な夕なに仰ぐなり
　　永き誉れのかたみぞと　朝な夕なに慕うなり
二　ここに学べる生徒らは　帝国未来の将校よ
　　今は蕾の稚子桜《わかざくら》　今は雛《ひな》の鵬《ほう》の鳥
　　ただ修養をつとむべく　ただ健翼をならすべし
三　腰に煌《きら》めく日本刀　忠と勇とに鍛うなり
　　その鋭鈍を問わんより　汝の一揮を試せよや
　　その短きを嘆くより　汝の一歩を進めよや

七五調六連の歌詞である。作詞作曲者ともに伝わっていない。主語は他の校歌のように「我」ではなく、「汝」である。生徒の立場で作られたものではなく、生徒を教え諭す立場で作られていることが分かる。生徒はさぞ唄いづらかったろう。

広島城には明治六年、広島鎮台が置かれ、同二十一年、第五師団となった。日清戦争において、第五師団内に大本営を設置、明治天皇はこの地で親しく軍略を練られた。

旧校は広島城の南側の基町にあったため、北に大本営跡を拝んだのである。

二、三番では、いまはまだ幼いが、研鑽を積んで立派な帝国陸軍の将校になることを期待している。

旧校歌は出だしが三拍子である。三拍子はワルツと同じ。軍歌としては他に例をみない。

新校歌は五番まであるので、すべて紹介する。

一　健軍遠し三千年　由緒《ゆかり》も深き埃《え》の宮や
大本営の松風に　御稜威かがやく練武の地
儼然たてり我が武寮

二　御詔勅《みことのり》かしこみ益良雄が　末は皇国《みくに》の干城《たてき》ぞと
敬神崇祖の念深く　肇国《はつくに》宮に額づきて
学びの道にいそしまん

三　鯉城《りじょう》の空は花吹雪　散るは桜か潔し
清き眺望《ながめ》の厳島　燃ゆる血潮の紅葉葉《もみぢば》に
丹《あか》き心を競わばや

四　瀬戸の朝凪水澄みて　闊達の気宇掬《むす》ぶべし
二葉の山に雪降れば　武を練る声も勇ましく
剛健の士気鍛えなん

五　忠武の操身にしめて　醜《しこ》の御楯と進み行く
　南溟北斗幾万里　鵬翼伸ばすときや何時《いつ》
　　そぞろ心の躍るかな

七五調五連のオーソドックスな歌詞である。作詞は広島陸軍幼年学校となっており、職員の合作と思われる。作曲は陸軍戸山学校軍楽隊。戸山学校軍楽隊は陸軍軍楽隊の最高峰で、演奏だけでなく、作曲も手がけた。

一番の埃の宮は神武天皇東征のとき、七年間、行在所となったといわれる安芸郡府中町にある宮の跡、現在は多気神社が建っている。三番の鯉城は広島城の別名。同城所在地の地名はかつて己斐《こい》と呼ばれたことから、「こい城」といわれ、後に「鯉城」と書かれるようになり、音読みされるようになったという。己斐は現在、広島市西区の地名として残っている。

広幼出身の有名人では、四期（陸士十八期）にマレーの虎の異名をとったマレー・シンガポール攻略戦の山下奉文大将、同期に終戦時の陸相、阿南惟幾大将がいる。山下は刑死し、阿南は切腹した。

終戦時の宮城事件で斬殺された近衛第一師団長の森赳中将は広幼十三期、陸士二十八期である。

十九期（陸士三十四期）には、昭和維新運動に挺身した西田税がいる。西田は陸士で秩父宮と同期で、任官後、病気を理由に退役し、以後は北一輝らと行動をともにしたが、二・二六事件に連座して処刑された。

昭和七年のロサンゼルスオリンピックの馬術競技に出場して金メダルを獲得した西竹一は、広幼で西田の二年後輩。当時、中尉で男爵であったことから、「バロン西」といわれたが、硫黄島の戦いで戦車第二十六聯隊長として勇戦、戦死した。戦死大佐。

終戦時在学の有名人では、一学年生徒の四十九期に俳優の藤岡琢也がいる。

新校は広島城北側の歩兵第七十一聯隊跡に校舎を置いたが、昭和二十年八月六日の原爆投下で壊滅した。生徒は郡部に分散疎開していて、ほとんどが無事だったが、学校に残っていた教職員は犠牲となった。

熊本陸軍幼年学校校歌

幼年学校の校歌の最後は熊本陸軍幼年学校である。熊幼は昭和二年に廃止、昭和十四年に復活した。

旧校歌は八番まであるが、三番まで記す。

一　画津《えず》の湖《みずうみ》阿蘇の峰　神代のままに神さびて
　　天地の霊気集まれる　銀杏《ぎんなん》城下わが武寮

二　清正公《せいしょう》の武を慕い　菊池の流れ深く汲み
　　末は国家の干城《かんじょう》と　励む健児の百五十

三　聖代《みよ》の光に照らされて　学びの窓の開けしより
戦《いくさ》の場《にわ》に名を揚げし　数ある星もきらめけり

七五調四連のオーソドックスな歌詞である。作詞は二十五期生（陸士四十期）となっているので、在校中の大正十二、三年の作であろう。作曲者は不明。

「画津の湖」とは熊本市の水前寺公園とつながる湖のことで、現在は上江津湖と下江津湖に分けて呼ばれている。「銀杏城」は熊本城の別名。加藤清正が築城に際し、多くの銀杏を植えたことから呼ばれるが、現在も天守閣の正面に加藤清正が植えたとされる大銀杏がある。「いちょうじょう」とも「ぎんなんじょう」とも読む。

「菊池の流れ」は同地の豪族、菊池氏のことで、源平合戦、元寇で活躍、とくに建武の新政では南朝の守護者として懐良《かねなが》親王を迎えて、足利勢と戦い、忠臣と称えられた。

三番の「百五十」は一学年五十人、三学年百五十人であることを示している。「数ある星」は日露戦争で活躍した同校出身の先輩を指す。

新校歌は四番まであるが三番まで記す。

一　天の八重雲おし披《ひ》らき　神天《あも》降らしし高千穂や
国鎮むちょう名に負いて　意気火と燃ゆる阿蘇の峰
仰ぎ学ばん天皇《すめらぎ》の　御楯と誓う我らなり

二　菊池の流れいや澄みて　銀杏《ぎんなん》城の揺るぎなく
高き志操《こころ》を承《う》け継ぎて　万古青史を照らさばや
競い励まん天皇《すめらぎ》の　股肱と宣《の》らす我らなり

三　清水の台の朝夕に　五条の勅諭《みこと》畏みて
破邪顕正の剣を佩《は》き　鍛え磨かん大和魂
大皇軍《おおみいくさ》の楨幹《ていかん》と　誓い奉《まつ》れる我らなり

新校歌は七五調六連。作詞作曲者ともに不明。九州の学校らしく、天孫降臨神話を踏まえ、「高千穂」が登場する。旧校歌同様、「菊池の流れ」「銀杏城」も唄われている。各番の最後はすべて「我らなり」で終わっており、生徒自身の気概を示しているといえよう。

熊本城は西南戦争で天守閣を始めとする主要な建物が焼失、戦後、再建された。したがって熊幼の生徒らが在校していたときは、天守閣はなかったのである。

同校出身者では十期（陸士二十五期）の武藤章が有名だ。武藤は熊本藩士の子。地元の済々黌中学一年から熊幼に入り、陸大三十二期を恩賜で卒業、関東軍参謀、軍務局長、近衛師団長などを歴任、終戦をフィリピンの第十四方面軍参謀長で迎えた。ところが、なぜかA級戦犯に指名され、昭和二十三年、処刑されてしまった。武藤が処刑される理由はまったくなく、陸軍の頭脳といわれた武藤を生かしておくことを米軍が恐れたからとの説もある。

武藤の一期下に牧野四郎がいる。牧野は薩摩藩士の子で、陸大三十四期、予科士官学校幹事（教頭）から第十六師団長としてフィリピンに渡り、昭和二十年七月戦死した。

牧野と同期の満井佐吉は小倉藩士の子、陸大三十六期。陸軍省新聞班長、陸大教官などを務め、相沢三郎事件で特別弁護人を務め、皇道派将校として注目されたが、昭和十一年の二・二六事件に連座、禁錮三年の判決を受け、免官となった。釈放後、十七年から終戦まで衆議院議員を務めた。

井本熊男は山口県出身、熊幼二十二期（陸士三十七期）。陸大四十六期。終戦を広島の第二総軍参謀として迎え、戦後は陸上自衛隊に入り、旧軍の陸大に相当する幹部学校長（陸将）を勉めた。

在校生ではNHKのアナウンサーとして永く相撲の実況を担当した杉山邦博がいる。杉山は終戦時、第二学年生徒の四十八期。終戦時、陸幼在校生でNHKのアナウンサーになった人では井川良久（東幼、四十九期）、岡村恒昭（大幼、四十九期）らがいる。

仰げば巍々《ぎぎ》たる

陸士、陸幼以外の学校も陸軍には多く存在した。陸軍経理学校、陸軍戸山学校、熊谷陸軍飛行学校、仙台、宇都宮、豊橋、久留米などの各予備士官学校、歩兵、砲兵、戦車、憲兵などの各兵種の学校、各教導学校、航空、戦車、通信などの少年兵学校、満洲には満洲国軍官学校があり、それぞれ校歌が存在したが、これらは割愛して、陸士、陸幼で唄われた「寮歌」ともいえる歌を紹介しよう。通常、これらの歌を「雄叫び」という。
そのトップは「仰げば巍々たる」である。九番まであるので、すべてを紹介する。

一　仰げば巍々たる市ヶ谷の　九重深き雲の上
玉葉《ぎょくよ》の御身《おんみ》いや高く　北白川の水清し
久邇《くに》の光の浮かぶなる　誉れは高し我が武窓

二　立たば登らん富士の峯　斃《や》れて已まん武士《もののふ》の
学びの窓に年逝きて　あと百日の城ごもり
やがて皐月《さつき》の青葉かげ　君と別れん西東

三　国のためには北海の　雪ふみ分けん旭川
玄海波は荒くとも　要塞まもらん対馬沖
風吹く夜半に村松の　月下に磨かん我が剣

四　砲工輜重はた騎兵　行く道々は異りて
都に我は残るとも　塵には染まじ白梅の
薫りを永遠に変えざらん　誉れを揚げん後の世に

五　楊柳の曲いま止みて　鳴くや一声《ひとこえ》ほととぎず
征衣の袖を分かつとき　顧みせなん只管《ひたすら》に
五年《いつとせ》睦みし窓の友　ありし昔の偲ばれて

六　腰には剣手には筆　光り栄ある黒帽の
　　学びの庭に入りしより　胸に希望の輝きて
　　若き血潮にかられつつ　隙ゆく駒に鞭うちぬ
七　太田の流れ水白く　宮城野原に秋高し
　　阿蘇の煙を眺めては　棚引く雲に思い馳せ
　　金鯱の光楠のかげ　思い出多し過去の夢
八　習志野の原草緑　わが馬飼わんときは何時《いつ》
　　露営の夢や偲ばれん　月影冴ゆる森かげに
　　ああ愉快なる年月は　早くもここに逝かんとす
九　あと百日を惜しみつつ　歌う弥生の春の宴
　　記せよ吾が友長《とこし》えに　学びの昔顧みて
　　行けよ吾が友勇ましく　護国の剣手にとりて

曲は第一高等学校、明治三十五年第十二回記年祭東寮寮歌「嗚呼玉杯」である。「嗚呼玉杯」の作詞は矢野勘治、作曲は楠正一。「仰げば巍々たる」は曲だけを拝借したのである。作詞者の山下俊一郎は福岡県出身、熊幼五期、中幼五期、陸士二十期。歩兵少佐で退官。この詞は中幼五期が編集した「思ひ出草」に、中幼を卒業する明治三十九年の百日祭用に発表したものである。

当時、一高と中幼は首都圏における二大エリート校であり、中幼が一高や東京高等商業（現一橋大）などの曲を借用することはままあった。

意味をみていこう。

一番。「巍々たる」は高く聳えていること、市ヶ谷台は当時の東京で二番目の標高を誇った。「九重深き」ところとは皇居、「玉葉の御身」は天子の玉体。「北白川」「久邇」という宮家の名を盛り込んでいる。

二番の「百日」は五月の卒業式百日前の記念行事の百日祭を指す。この時代、幼年校三年、中幼二年の五年間の教育の後、兵科が決定して部隊に配属になり、その後、部隊から陸士に派遣される形で、陸士に入校し、中学出と一緒になった。

三番は必ずしも成績優秀とはいえない生徒の配属先である「旭川」「対馬」「村松」を挙げている。「対馬」は要塞砲兵の任地のひとつ。「村松」は新潟県高田（現上越市）

黒色の制服、制帽を身につけた明治時代の幼年学校生徒

の歩兵第三十聯隊の第三大隊の駐屯地。

六番の「黒帽」とは明治のころの幼年校の制帽の色である。七番は各幼年学校を歌い込んでいる。「太田の流れ」は広島、「宮城野原」は仙台、「阿蘇の煙」は熊本、「金鯱」は名古屋、「楠のかげ」は大阪である。八番の「わが馬飼わんときは何時」とは、騎兵以外の将校が乗馬できるのは少佐からであったため、いつになったら少佐になれるのか、ということを暗示している。

血潮と交《か》えし（討露の歌）

「雄叫び」の二番手は「血潮と交えし」（別名「討露の歌」）である。この歌を知らない陸士、陸幼出身者は存在しないほど、陸軍将校の間では広く唄われた。だが、この歌は陸軍関係者が作詞、作曲したものではない。

明治三十七年二月、日本はロシアに宣戦を布告した。かねてロシアの横暴に憤慨していた国民は宣戦布告に沸いたが、東京高等商業の学生もまた宣戦布告に狂喜し、提灯行列に繰り出すことになった。その行列のために急遽、作られたのがこの曲である。作詞は東京高等商業（現一橋大学）三年、菅礼之助、作曲は一橋会音楽部である。

五番まであるが、四番までを記す。

一　血潮と交えし遼東に　さ迷う魂《たま》の叫び聞け

黄沙白砂に風吹けば　世は戦声のなからめや
義戦の跡も早やすでに　見よ韓山の空の色
日は長白に傾きて　李氏の社稷《しゃしょく》や今いかに

二　聞けコサックの矢叫びに　王道将《まさ》に絶えんとす
文字《もんじ》同じき経典《けいてん》の　教えは古し孔聖が
仁の名国と亡びなば　四億の民は復《ま》た生きじ
かの黎民を憐れまば　咄《とつ》人道の賊を斬れ

三　黒龍ひとたび血に染みて　五千の精霊鬼なりき
虐殺未だ飽かざるに　またキシネーフに塁死あり
ツァーの戦さと唱えてし　スラブの兵は賊なりき
神人《かみひと》ともに憤る　史上の罪は消ゆべしや

四　万国平和を唱えてし　汝《なんじ》が言葉いま何処《いづこ》
誓いを述べし口先に　満洲の粟《ぞく》あたえんや
ひがし扶桑に国をなす　わが民族の発程は
露人を斬りて犠牲《いけにえ》に　平和の神に祀るべし

なんとも痛快な歌詞である。一番の「血潮と交えし遼東」とは日清戦争で日本が獲得した遼東半島のこと。それをロシア、フランス、ドイツの三国干渉で奪われたことを憤っている。

日清戦争は、清国から朝鮮を独立させるという義戦であった。しかし、南下政策をとるロシアが朝鮮を狙う、李氏朝鮮は風前の灯火だ、というのである。

二番はロシアのコサック騎兵の横暴で多くの支那人が虐殺されていることを指している。一九〇〇年、義和団の変に呼応した約三千人と住民が、コサックによって虐殺され、黒龍江（アムール川）に遺棄された。キンネーフでも似た事件があった。それを指摘しているのが三番である。

こうしたロシアの横暴に敢然と立ち向かう日本の姿を唄ったが四番。ロシア人に満洲を与えてなるものか、ロシア人を斬って、平和に神に捧げよう、というのだから、真に壮大である。当時の若者の知的レベル、国家意識の高さが偲ばれる。軍の学校の生徒がこの歌を歌い継いだのも当然だろう。

作詞者の菅は、のちに石炭庁長官や東京電力会長などを歴任した。

三国干渉ののち、幼年学校の語学はロシア語、フランス語、ドイツ語のいずれかに決められた。

豊栄《とよさか》登る

「豊栄登る」の作詞は中幼三期陸士十七期の河北忠彦である。作曲は不明。地方幼年学校三年、中央幼年学校二年の計五年を過ごした同期との誼みを唄ったものである。歌詞に、卒業百日前を意味する「百日」が登場することから、陸士十七期が中幼を卒業する際に作詞したと思われるので、作られたのは明治三十七年であろう。ちょうど日露戦争勃発の年である。八番までであるが、一、二、三、四、八番を紹介する。

一　豊栄登る日の本の　大内山に影占めて
　　生まれし吾ら大君の　御垣《みかき》の守り思い立ち
　　家路出しは五年《いつとせ》の　昔なりけり旅衣

二　花の都や銀杏《いちょう》城　青葉柳に鯉の城
　　難波の葦の束の間も　文武の道を励みつつ
　　今やこの校に集いきて　早くも過ぎぬ月と日は

三　蛍の光窓の雪　集めし甲斐は今ここに
　　あと百日を名残りとし　しばし別れの時は来ぬ
　　南の空や北の果て　扶揺万里の風受けて

四　別れを惜しむ友垣と　楊柳折りて取り交わし
　　歌う渭城《いじょう》の朝の雨　受けて青葉の色清し
　　出で立つ武夫《ぶふ》の胸いかに　故郷の空や友の夢

八　ここに宴の蓆《むしろ》しき　誠を語る窓の友
　　記せよ愉快の今日の日を　来らん春を復たここに
　　旧《ふる》き誼みや温めん　ありし昔や偲ばれん

繁栄の坂道を登って行く日本の、天皇陛下がおわします大内山（皇居）の下に生まれた吾らは、陛下をお守りする役目を思いたって、幼年学校に入校した、というのが一番の意味である。

司馬遼太郎の「坂の上の雲」ではないが、近代国家として隆運赴く明治の気概が込められている。

二番は六つの幼年学校を示している。花の都（東京）、銀杏城（熊本）、青葉（仙台）、柳（名古屋）、鯉の城（広島）、難波の葦（大阪）である。

三番は中幼を卒業して各兵科に分かれ、聯隊、部隊に赴任することから、しばしの別れと唄った。明治三十七年二月には日露戦争が始まっており、その覚悟を示したともいえる。

四番は唐の詩人王維の「送元二使安西《げんじのあんせいにつかいするをおくる》」を踏まえる。楊柳は柳のことで、柳の小枝を送って、餞別としたのである。この漢詩は日本では詩吟として、現在でも送別の宴などで詠われることがある。

部隊への赴任は隊付勤務といい、この時代は約半年。最初の三ヵ月は上等兵の階級章を付けて兵と起居をともにし、後の三ヵ月は伍長の階級章を付けて、下士官勤務をする。

陸軍では将校・下士官兵は常に行動をともにすることから、士官学校生徒といえども、兵の生活を体験させたのである。隊付が終わると軍曹の階級章を与えられて、士官学校に入校し、約一年半の勉学、訓練の後、曹長の階級を付けて見習士官として部隊に帰り、しばらくして少尉に任官する。

階級章は上等兵であったり、伍長であったりするが、襟に星の座金が付いており、一般の兵ではなく士官候補生であることが分かる。座金が円で包まれていると、士官学校生徒ではなく、一般大学や専門学校出身の幹部候補生となる。

士官候補生であれ、幹部候補生であれ、階級章同等の待遇であるから、上等兵の階級章を付けていれば、伍長に会ったら敬礼しなくてはならない。中幼や地幼の生徒も上等兵待遇とされたので、同じく伍長以上には敬礼の義務があった。ただし、部隊で制裁を受けることはなかった。

この点、入校と同時に一等兵曹（後に上等兵曹）の上、兵曹長の下とされた海軍兵学校生徒とは異なる。この差は陸軍が範をとったプロシア陸軍と、海軍が範をとった英国海軍の差であろう。

作詞の河北忠彦は山口県出身、中幼予科（東幼）三期から中幼三期、陸士十七期に進み、明治三十八年四月、島根県浜田の歩兵第二十一聯隊で少尉任官、四十年十二月に中尉になった後、退役した。退役理由などは不明。

河北の幼年校、中幼、陸士の同期には後に首相、陸相などになった東条英機大将、児玉源太郎の四男で満洲航空社長や大日本航空総裁を務めた児玉常雄大佐、佐賀藩主の一族、鍋島直和大尉、岡山藩主の一族、池田政佑少佐らがいる。

陸士十七期が任官した明治三十八年四月には、陸軍の戦争はほとんどが終わっており、実戦に参加した者は僅かである。このため、十六期以前の者にコンプレックスを抱いたという話もあり、それが後に東条の先輩将軍らへの厳しい人事に反映されたとの説もささやかれた。

西豺狼《にしさいろう》

「西豺狼」は中幼五期（陸士二十期）が中幼を卒業する直前の明治三十九年初春に作られた。作詞は中幼五期の篠原次郎。曲は当初、一高同三十六年東寮寮歌「緑もぞ濃き」（作曲は「嗚呼玉杯に花うけて」の楠正一）を借りた。だが、後にアレンジされて別の曲になっている。

中幼五期は同三十七年五月に地幼から入校、三十八年に日露戦争は日本の勝利で終わったが、この歌は日露戦争に出征できなかったものの、戦後の覚悟を示した歌である。「豺狼」とはロシアを狼に見立てたものである。九番まであるが、四番までを紹介する。

一　西豺狼の醜鷲《しこわし》の　東に翔《かけ》る十万里
高梁《こうりやん》しげる満洲や　毒牙に伏す幾年《いくとせ》か
ここに仁義の師は起こり　鉄騎百万アリナレの
江《え》に水飼えば黄海に　波は荒びて龍躍る

二　落日低し奉天の　覇業空しく跡絶えて
いま北海の雪の上　凍るスラブの夢いかに

三　東海の天雲晴れて　昇る朝日の秋津洲《あきつしま》
　扶揺に誇る大鵬《おおとり》の　大空行くに似たるかな
　五年《いつとせ》刻苦の業なりて　今日学び舎を出づるとき

四　西仇《せいきゅう》遠く退きて　宝刀恨み長くとも
　見よや勝利の旗影に　凱歌の低く消ゆるとき
　勝ちて兜の緒を締めん　われに戦後の務めあり

この歌も百日祭のために作られた。西の狼、醜い鷲はいずれもロシアを指している。そのロシアが満洲を侵略した。満洲はロシアの毒牙に屈したが、日本が仁義の師（戦争）を起こし、アリナレ（鴨緑江の古名）から北の満洲の地を席捲したロシアの覇業は潰えてしまった。ロシアを破った日本は大鵬が大空を行くごとき勢いだ。中幼五期生は地幼三年、中幼二年の五年の学業を修めて、本日、学び舎を後にする。ロシアが負けて西に遠く去り、自分らは刀を振るう機会がなかったが、しかし、いまこそ、勝って兜の緒を締めるときである。われわれには日露戦後の重大な役割があるからだ――というのが大体の意味である。

作詞の篠原次郎は長野県出身、陸士を出た後、陸大二十七期に進み、奈良の歩兵第三十八聯隊長、東京幼年学校長を歴任、津の歩兵第三十旅団長のとき、南京戦、武漢戦に参加、功三級金鵄勲章を受けた。

その後、中将となり、熊本の留守第五師団長を務め、昭和十六年十二月、大東亜開戦直前に予備役となった。昭和二十四年没。

濁り世深き

「濁り世深き」も中幼百日祭に作られた。詞は中幼十期(陸士二十五期)の松下芳男と田中新一の合作である。作曲者は不明。二人は仙台幼年校から中幼に進んだ親友であった。新潟出身の松下は弘前の歩兵第三十一聯隊で少尉任官、大正十年、中尉のとき、新発田中学の先輩で名古屋幼年校中退のアナーキスト、大杉栄と手紙のやりとりをしていたことが発覚して停職処分を受け、それを機に軍を去った。

停職を決めたのは長州出身の田中義一陸相であり、処分が厳しくなったのは松下が長岡藩士の孫だったからとの説も流れた。その後、日大法文学部を卒業、法学博士となり、軍事研究の道を進んだ。戦後は工学院大の教授を務めている。

一方の田中は北海道出身、陸大三十五期を出て関東軍参謀、陸軍省兵務課長、同軍事課長を歴任、大東亜戦争開戦時は参謀本部第一部長(作戦)の要職にあった。その後、第十八師団長、ビルマ方面軍参謀長などを務めた。中将。片や陸軍を去って学問の道に進み、片や陸軍の中枢を歩んだ異色のコンビの歌である。

五番まであるが、一、二番だけ紹介する。

一　濁り世深き蓬《おどろ》の下《もと》に　踏むべき道を求めけん

あわれ雄々しき若武者一人　天翔けり行く姿かな
五年《ごとせ》の春の花散りゆけば　健児が首途《かどで》の曲響く
二　花の堤を行き交う中に　ただ打ち触るる袖だにも
結ぶ縁《えにし》のためしを知るを　一つの窓に起き臥して
長き五年の我らが心　思いや永久《とわ》に深からん

濁っているこの世の中で、自分たちが生きていく道を模索し、幼年学校を選んだ。その姿は天を行く若武者である。いま、五年の時をへて部隊に配属になる首途である。

花咲く土手ですれ違うだけでも縁があるのに、五年間も起居をともにした同期の思いはいかに深いものであるか――という意味である。

醜い現世を離れて国家防衛のために純粋に生きる士官生徒の矜持と同期の絆を唄ったものだが、大東亜戦争中、松下は陸軍教育総監部の仕事もしており、これには田中の支援があったといわれている。

山紫に水清き

「山紫に水清き」は仙台陸軍幼年学校の歌が陸士の歌に格上げされた珍しい軍歌である。作詞は仙幼十三（陸士二十八）期の小西貞治。

小西は秋田県出身で、仙幼三年の明治四十五年、一高寮歌「紫淡く」の譜を借りて、百日祭用に作詞した。十二番まであるが、一、二、三、五、十一番を紹介する。

一　山紫に水清き　七州の野《や》に生まれたる
　われら五十の此の校に　集いしことも夢なれや
二　燃ゆる血潮は殉国の　赤き心を示すべく
　腕《うで》なる骨は日の本の　基を固むる材なれや
三　観《み》よ干城《かんじょう》の健児らよ　己《おの》が雄飛の活舞台
　東にパナマの落成を　西に自覚の革命旗
五　磐梯山の朝嵐　鬼怒の河畔の夕時雨
　殷々轟々勇ましく　野山に響く砲《つつ》の音
十一　ああ心地よやこの宴　青葉に霞む山桜
　清き広瀬の川の瀬に　散りくる花を君見ずや

「七州の野」とは東北七州、すなわち陸前、陸中、陸奥、羽前、羽後、磐城、岩代を指す。「五十」は幼年学校の一学年の生徒数。三番の「パナマの落成」はパナマ運河が明治四十三年に完成したことを指す。「自覚の革命旗」とはフィリピンにおけるアギナルド将軍らによる反米独立運動のこと。

小西は工兵で、電信第十二聯隊長、同第四聯隊長をへて少年通信兵学校長の時、大佐で終戦を迎えた。

仙幼十三期の同期には有末精三がいる。有末は陸大三十六期で、イタリア武官、陸軍省軍務課長などをへて、参謀本部第二部長（情報）で終戦。中将。終戦後は進駐軍との折衝に当たり、戦後は日本郷友連盟会長などを務めた。人格者で知られる。

霧淡晴の

「霧淡晴の」は作詞作曲者ともに不詳。地方幼年学校の百日祭用に作られたことは確かである。十四番まであるが、一、二番のみを記す。

一　霧淡晴の野に乱れ　花影に春をさし招く
春の女神は今日ここに　祭りの庭に訪れぬ
あわれ楽しきこの宴　いざ諸共に歌わなん

二　思え我が友その昔　茂れる梧桐の木の下を
くぐりて入りしＫＤ《カデ》の門　三年《みとせ》の春は疾く去りて
偲ぶや今日の百日祭　感激の血は頬に燃ゆ

ＫＤの門とはＫａｄｅｔ（カデット）のことで、ドイツ語で士官候補生を意味する。英語ではＣａｄｅｔである。「三年の春」といっていることから、地方幼年校の百日祭を歌っていることが分かる。

嗚呼玉楼の（北に飛ぶ）

「嗚呼玉楼の」、別名「北に飛ぶ」は中幼を卒業し、首都圏勤務になるかと思いきや、北海道勤務を命じられ、赴任することを嘆いたもの。曲は「ブレドー旅団の襲撃」と同じ。中幼八期（陸士二十三期）の皆川庄五郎が作詞した。

皆川は岩手県出身、仙幼出身、歩兵第一聯隊の中隊長や甲府聯隊区の部員などをして中佐で退役した。自身は歩一が出身聯隊で、北に飛ばされたことはない。東京から北海道までの七番まであるが、一、二、七番を記す。

一　嗚呼《ああ》玉楼の春の宴　驂鸞《さんらん》の夢未だきに
蜀魂《しょっこん》一たび血に鳴きて　驚き目覚むる皐月花
今日市ヶ谷に散り失せて　玉散る波に任せつつ
多恨の我は北に飛ぶ

二　上野の山の鐘の音も　今日を限りの聞き収め
つづく思いの数々に　悲しき旅の鹿島立ち
田端の草に置く露に　衣の袖を濡らしつつ
多恨の我は北に飛ぶ

七　馴れし都は雲幾重　生まれし里は波いずこ
北辰直下のこの島に　過ぎしを偲び今を泣き
長嘯月に対しては　我は悟れり「命」なりと
多恨の我は北に飛ぶ

「玉楼」は中幼の建物を指している。「驂鸞」は四頭立ての馬車と大空を羽ばたく鳳凰のこと、自分を雄飛する大人物に見立てている。「蜀魂」はホトトギス。五月に卒業なので、皐月花は無残に散ってしまい、波に任せて北に飛ばされるのである。「鹿島立ち」は旅のこと。「北辰直下のこの島」は北極星の真下の北海道を指す。

中幼（後の陸士予科、予科士）を出ると、兵科と配属部隊が決まり、隊付勤務をする。当時、北海道まで赴任するのは大変だったろう。

嗚呼桃源の（左遷）

「嗚呼《ああ》桃源の」は別名「左遷」、さらに別名「飛龍三百市ヶ谷の空」である。飛龍三百とは中幼の卒業生の数。曲は明治三十九年の一高第十六回記念祭中寮寮歌「ああ混沌の闇の色」を借りた。作曲は不明。作詞は中幼十期（陸士二十五期）の藤原幹治（一説に「濁り世深き」の田中新一）。中幼十期は明治四十四年に中幼を卒業し、配属先の部隊に赴任したが、その際、都から遠い任地に赴くことを左遷と考えて、この歌を作詞した。

藤原は兵庫県出身、大幼十期から中幼に進み、陸士二十五期を大正二年に卒業、同年十二月、工兵第十大隊（姫路）で少尉任官、その後、鉄道聯隊、兵器本廠などをへて昭和十四年、千葉兵器廠長となり、同年十二月、大佐進級と同時に退役した。支那事変で功四級金鵄勲章を受けている。七番まであるが、一、二、三、七番を記す。

一　嗚呼桃源の夢の世に　泣いて機を待つ呑牛児《どんぎゅうじ》
　蒼淵《そうえん》の底昇天の　嵐を待つか蛟龍《こうりゅう》は
　空舞い昇る大八洲《おおやしま》　龍門低しその旦《あした》

二　夕べ暮鐘《ぼしょう》に送られて　ゆくえ白河友もなく
　春光まだき道の奥に　手折《たお》りわずらう不香の花
　朝暾《ちょうとん》天に冲《ちゅう》しては　珠《たま》と輝く蝦夷の山

三　楊柳の曲いま絶えて　左遷悲しき我が配所
　夕べ筑紫の波枕　夕陽遠し日向灘
　この辺境に我れ立たば　思いや馳せんカデの窓

七　されば歌えよわが友よ　夢よ床しき五年《いっとせ》を
　あと百日の名残りとし　袂わかたん丘の上に
　征衣を払う五月雨を　渭城《いじょう》の朝の雨と見て

左遷の場所が特定されているわけではない。都から遠い所を想定しているに過ぎない。桃源の夢の世、とは日露戦争が終わった平和な時代を指す。したがって、牛を呑むくらいの丈夫である自分たちは、戦地に行く機会を泣きながら待っているわけである。それは蒼淵の底から、天に昇る機会を窺う蛟龍にも似ている。蛟はみずち、巨大な龍のたとえだ。龍門とは鯉が登って龍となる登龍門である。それが低いとは、機会があれば、自分たちは容易に出世する、との意欲の表われである。

二番は白河の関を越えて、北海道に赴く様子を歌った。朝暾天に冲す、とは朝日が天に昇ること。三番の左遷の地は九州である。カデは前にも出たカデットのことである。これは別れの歌でもあるので、最後に王維の「元二の安西に使いするを送る」を吟じた。

藤原自身は故郷の部隊に配属になったわけだから、左遷とは無縁だった。「嗚呼玉楼の」もそうだが、雄叫びには意外と、遠隔地に赴任させられることを左遷と感じ、慨嘆する曲が多い。「嗚呼玉楼の」と同じブレドー旅団の譜で謳う「筑行」もそうだ。しかし、軍人たらん者、任地がどこであろうと、喜んで国防の務めを果たさなくてはならない。むしろ、都から遠いほど、国防の重要性は増すのである。一体、彼らはそれほどまでに出世主義者だったのだろうか。

一部には明治の時代、立身という概念が濃厚だったという説もあるが、それよりも、天皇がまします帝都から離れることの悲哀を歌ったとする意見もある。

遠別離《えんべつり》

もう一つ、別離の歌を紹介しよう。「遠別離」である。『幼年校唱歌集』に収められているが、作詞作曲、いきさつは一切不明。成立年は明治であろうが、具体的な年も不明である。二番まである。

一　程遠からぬ旅だにも　袂わかつは憂きものを
　　千重《ちえ》の波路を隔つべき　きょうの別れを如何にせん
二　われも益荒夫いたずらに　袖は濡らさじさはいえど
　　いざ勇ましく往けや君　往きて尽せよ国のため

解説の必要はないであろう。この歌は中幼を卒業するときにのみ歌われた。中幼廃止後は陸士予科を卒業するときに、さらには本科を卒業する際にも歌われた。ただし、陸士においては卒業時以外には歌わないという不文律があったと聞く。それほど、厳粛な別れの歌であったのだろう。とくに昭和に入ってからは、卒業し、赴任すれば、そのまま二度と会えない可能性が高かった。それだけ、この歌に込める思いは深かったのだろう。

戦後は、陸士や陸幼出身者が亡くなったときに、同期生が葬式で出棺の際に歌うことがあり、現在も歌われている。

航空百日祭

陸士、陸幼には百日祭というのがある。卒業まであと百日となったときにお祝いをするのである。そのため航空士官学校で作られたのが「航空百日祭」である。作詞は梅岡信明、作曲は家弓正矢。いずれも陸士五十五期で、卒業直前の昭和十六年の開戦前に発表された。曲も素晴らしく、詞も気宇壮大である。八番まであるが、一、二、三、七、八番を紹介する。

一　望めば遥か縹渺《ひょうびょう》の　七洋すべて気と呑みて
悠々寄する雲海の　果て玲瓏の芙蓉峯
ああ八紘に天翔《あまが》ける　男子の誇り高きかな

二　朝《あした》富嶽の気を奪い　夕照る月に嘯《うそぶ》きし
四季うるわしき武蔵野の　武窓に深き追憶に
あと百日のおとずれも　そぞろ名残りの深きかな

三　されどめぐらせ我が思い　図南《となん》の鵬《とり》にあこがれて
淡紺青《たんこんじょう》の襟めざし　修武の台に集いたる
五誓に結ぶ丈夫《ますらお》の　いかで忘れんこのよしみ

七　扶桑に羽ばたく九万里　向うはいずこ六大洲
寄る波に見よ太平洋　吹く風に聞け大亜細亜

八　われらが行手雲暗く　鵬翼いよいよ勇むなり
　　暫しの翼分つべき　雲上高きこの宴
　　明くる世界の春めでつ　高層風の香に和して
　　歌わん航空百日祭　祝わん航空百日祭

八紘一宇

学校の歌といっても、堅い歌ばかりではない。これから紹介するのは、いわば戯れ歌である。

トップは「八紘一宇」。九番までのすべてを記す。

一　赤い血潮で日の丸染めてヨー　世界統一してみたいヨー
二　万里の長城で小便すればヨー　ゴビの砂漠に虹が立つヨー
三　支那や蒙古の子供が唄うヨー　愛国行進曲調子はずれヨー
四　星の輝やくサハラの砂漠でヨー　可愛い稚子さんの夢を見るヨー
五　雪の閉ざせるアラスカ村でヨー　ラッコ着で酒を飲むヨー
六　ギャング絶えたるシカゴの町でヨー　孫が詣でる忠魂碑ヨー
七　ヒマラヤしずくのガンジス河でヨー　大和男子が鰐を釣るヨー
八　駱駝泣く泣くサハラの砂漠でヨー　獅子を日本刀で試し斬るヨー

九　俺が死んだら三途の河原でヨー　鬼を集めて相撲とるヨー

いかがだろう。まことに豪毅の歌である。九番の歌詞は土佐の人斬りといわれた岡田以蔵の辞世の句「死んでまた地獄の鬼とひと相撲」を想起させる。

作詞の小林友一は府立六中（現都立新宿高校）から東幼をへて陸士四十七期をトップで卒業、昭和十年、近衛歩兵第一聯隊で少尉に任官した。十一年の二二六事件時の最年少の少尉である。陸大を出て名古屋の第三師団参謀、第百四師団参謀、第二十三軍参謀として南支で勤務、陸軍省補任課課員で終戦を迎えた。

人格者で知られ、戦後は偕行社の理事長を務めた。

歌詞の説明は不要だろう。「八紘一宇」のタイトル通り、日本が世界征服したと想定して、おもしろおかしく歌っている。

浜田か鯖江か村松か

歩兵科の戯れ歌は「浜田か鯖江か村松か」である。曲は日清戦争における黄海の戦いを描いた「勇敢なる水兵」を借りた。したがって作曲者は奥好義ということになる。二番まである。

一　浜田か鯖江か村松か　飛ばされそうで気にかかる

何しろ足が十二文《もん》　肩には銃が五つのる
二　区隊長《くすけ》はいつでも俺に言う　お前はバタが最適任
　うまくいったら天保銭　左へ散るが能じゃない

中幼を卒業すると、配属部隊が決定される。歩兵科で成績が芳しくない者が行かされる任地のワースト三が島根県浜田の第二十一聯隊、福井県鯖江の第三十六聯隊、そして新潟県村松の第三十聯隊第三大隊である。それぞれにゆかりのある人には失礼な話ではあるが、当時はそういわれていた。とくに村松は新潟県高田（現上越市）の第三十聯隊の第三大隊が駐屯しているところで、聯隊長も聯隊旗もない。村松行きを命じられるとがっかりしたという。

十二文の足というのは三十センチのことである。肩幅も広く、銃が五つのるわけだから、相当な猛者のようだ。

二番の「バタ」は歩兵の愛称。バタバタ歩くところから。ちなみに砲兵はガラという。大砲をガラガラと引っ張るからである。騎兵はバキ。「天保銭」は陸大卒業生が胸に付けた徽章。江戸時代の通貨、天保銭に形が似ているところから呼ばれた。二二六事件後に廃止された。「左へ散る」は左遷されること。

作詞は作家、戯曲家、翻訳家として名高い岸田國士である。岸田は和歌山藩士の子で名幼八期から中幼九期に進み、卒業前にこの詞を作った。病気のため名幼で一年留年（軍隊では延期という）したのである。陸士二十四期を出て福岡県久留米の歩兵第四十八聯隊で任官したが、中幼、陸士時代からフランス文学に親しみ、任官二年後に休職届けを出して上京し、二十八歳で東京帝国大学仏文科専科に入学した。以後、文学活動に入り、軍隊は退役した。終戦までは退役陸軍少尉である。昭和二十九年に六十三歳で死去。次女に女優の岸田今日子、甥に俳優の岸田森がいる。次女の名前は、今日子が四月二十九日の天長節に産まれたため、「天長節」（作曲は奥好義）の歌詞の出だし「今日の吉《よ》き日は」の「今日」からとったという。軍隊は退役したが、尊皇愛国の気持ちは持ち続けたのであった。

大東亜戦争中の一時期、大政翼賛会の文化部長を務め、戦後、公職追放にあっている。

陸士二十四期には第三十六軍司令官としてフィリピンで戦死し、戦死大将となった鈴木宗作、関東軍参謀長でシベリア抑留された秦彦三郎、南方総軍総参謀長で終戦を迎え、戦後、名著といわれる『日露陸戦新史』を書いた沼田多稼蔵《たけぞう》らがいる。同書は岩波新書に収められている。

今度は俺だ　俺は騎兵

歩兵の戯れ歌の次は騎兵である。「今度は俺だ　俺は騎兵」は作詞作曲者とも不明。二番までである。

一　今度は俺だ俺は騎兵　お馬の好きな俺だもの
　　速足《はやあし》進め前足旋回　ハイハイドウドウおっと危ない

二　前橋《ぜんきょう》つかんで澄まし顔
　大きな奴の背中の上で　右へ左の大舞踏
　これでも何だ戦《いく》さの時にゃ　真っ先駆けて功名手柄
　金鵄勲章お手のもの

前橋とは鞍の前部。ここをつかんで振り落とされるのを防ぐのである。騎兵は昭和十五年の陸軍大改正で内地の近衛騎兵聯隊と在支の一部兵団を除いて廃止となり、軽戦車主体の捜索聯隊に改編された。

大した気焔を吐く奴だ

砲兵の戯れ歌「大した気焔を吐く奴だ」は「軍艦」の曲で歌う。従って作曲は瀬戸口藤吉ということになる。作詞者は不明。二番まである。

一　大した気焔を吐く奴だ　言わしておけばつけ上がる
　承知の通りこの方《ほう》は　砲兵志願の剛のもの
　三千六百曳光弾　近し遠しは言い厭《あ》いた
二　ちっとも解らぬエネルギー　横の座標を縦に見て
　お目玉喰らったこともある　なんぼ何でもニュートンが

大砲いじったことはない　やっぱり俺は砲兵だ

「近し遠し」は弾着を見て、射程の訂正をする際の判断である。砲を撃つには、温度、湿度、風力などさまざまな要素があり、かつては計算尺を片手に砲撃命令を出した。従って、数学や物理の能力が必要で、そんなところからニュートンが飛び出したのであろう。

大分議論が喧《やかま》しい

工兵の戯れ歌「大分議論が喧しい」も作詞作曲者が不明。二番まである。

一　大分議論が喧しい　測図演習の講評に
　　忘れもせんが良好なりと　褒められたのは俺ひとり
二　地学はいつでも十八点　築城土工はもってこい
　　工兵志願の理由はこれだ　奴《やっこ》軍曹俺のマグ

幼年校、中幼（陸士予科、予科士）の学科は二十点満点であるから、十八点は高点ということになる。

「マグ」はマグネットの略で、磁石がくっつくところから、常に寄り添って協力する関係を指す。この場合は奴ヒゲを生やした軍曹が、自分の忠実な部下であると強調している。

任官元年

「任官元年」は陸士を卒業し、部隊で見習士官を経た後、任官する、その年を元年としたのである。曲はアメリカ民謡、「リパブリック讃歌」を崩したもの。「リパブリック讃歌」は南北戦争時、北軍の軍歌でもあった。作詞者は不明。十二番まであるが、一、二、三、五、七、十一、十二番を掲げる。

一　任官元年春の風　市ヶ谷台にそよそよと
　　いずこも同じトリンケン　騒ぐ前祝い
二　メンコ数えた茶目時代　年中行事の百日祭
　　お江戸の酒の飲み納め　二度の都落ち
三　他日の夢を藁の床　酒保門前の軍曹どん
　　習志野団子に安い酒　夜の仮想敵
五　天下分け目の関ヶ原　危うく帰隊の道すがら
　　思う聯公の大目玉　門《かど》にお出迎え
七　営所の夏は真っ盛り　内の見習士官殿
　　昼寝の夢は光明寺　茶目を見てござる
十一　カンパの山々紅葉《もみじ》する　初めて務むる赤だすき

十二　将校室の窓に洩る　丸いお月さま
　　　愈々《いよいよ》命課のリュートナン　日本晴れの正装が
　　　津々浦々にキラキラと　光る年の暮

「トリンケン」はドイツ語で飲み会のこと、英語のドリンク。「二度の都落ち」は隊付きの時と陸士を卒業して見習士官として赴任する二度の原隊行きを指す。「聯公」は聯隊長。ちなみに中隊長は中助。「光明寺」は中幼や陸士時代の遊泳演習の宿泊地である鎌倉五山の寺。「カンパ」はフランス語のカンパーニュ、英語のカンパニーの略で田舎のこと。「赤だすき」は週番士官肩章、見習士官も将校勤務をする。「リュートナン」はフランス語で少尉、英語のルテナントである。

少尉任官は明治四十年から大正九年まで十二月であることから、作られたのはこの期間であろう。

酒杯は飛んで

「酒盃は飛んで」は中幼の百日祭で唄われた。

陸幼、陸士には日曜下宿というものがあった。彼らは家族から離れて寮生活を送っているので、日曜日だけ利用できる下宿である。民家の二階などを借りて、畳に寝転び、家庭の食事を楽しむのである。おおむね、出身地ごとに数人ずつで利用した。中幼卒業の百日前のお祝いに、日曜下宿でハメを外す歌である。作詞作曲は不明。八番まであるが、一、二、五、六、七、八番を紹介する。

一　酒盃は飛んで蝶のごと　痛飲三斗の珍しや
やせし健児がその頬に　紅汐《くれないしお》さすこの団居《まどい》
二　酒の香溢るる室《へや》の中　酔いしか友よ我が友よ
楽しかりしも憂かりしも　すべて五年《ごとせ》の夢なるぞ
五　故郷の父母《ちちはは》泣かせつつ　下宿の小母さん泣かせつつ
狂い狂いて酒呼びし　五年は何時《いつ》しか過ぎにしか
六　思えば今日は百日祭　理想の兵科にあこがれて
愉快に歌う友だちを　笑って眺むる胸いかに
七　朝な夕なに薫陶の　冷ややかなりしその人よ
知るや知らずや我が友よ　立つ奮世の吾が涙
八　苦しき胸中たれぞ知る　歌えや舞えや百日祭
あと百日の名残りなり　あと百日の名残りなり

中幼を卒えて隊付をする際に兵科が決まる。主人公は理想の兵科を外されたようである。そこで、狂って酒を飲んでいるので、幼年校から飲んでいたわけではない。

飲酒は陸士から許可されており、中幼では飲むことはできないが、禁を破って飲酒したのであろう。

英雄の心事

陸士には「英雄の末路」「英雄の悔悟」「英雄の涙」「英雄の心事」の英雄四部作がある。これらはみな、何らかの問題を起こして営倉に入れられたことを歌ったもの。四部作とも作詞者は伝わっていない。陸士では営倉に入れられるものは英雄と称されたらしい。紙数の関係で、四高寮歌「南下軍の歌」の譜で唄う「英雄の心事」の一番だけを紹介する。

一　靴を枕の夢さめて　夜半に嵐の叫ぶとき
　　窓洩る月の影凄く　鉄窓近く身を寄せて
　　独り微笑《ほほえ》む英雄が　心事果たして誰か知る

営倉は陸軍の懲罰房のことで、対象は下士官兵であるが、陸士にも存在した。陸幼にはない。陸士の営倉は学校内にあり、罪によって軽営倉と重営倉があった。軽営倉は兵器の損傷、外出からの遅刻など過失犯が主で、寝具、食事が与えられ、一日から十四日であった。重営倉は喧嘩、脱走などの故意犯が対象で一日から三日。ただし、寝具はなく、食事は一膳麦飯と塩と水だけ。睡眠時以外は正座である。それよりも重い罪だと軍法会議にかけられた。軍法会議で有罪となると、陸軍衛戍刑務所に収監されることになる。この詞からすると、靴を枕にしているから重営倉であろう。

士官学校の四季

「士官学校の四季」は各部隊にあったこの種の歌の陸士編である。四番まである。作詞作曲は不明。

一　春は嬉しや
二人そろうて側板・測図　宿に帰れば酒と菓子酒と菓子
御馳走すんだら一騒ぎ　ちょっと見つかる区隊長に

二　夏は嬉しや
待ちに待ったる暑中の休暇　一夜明ければ浜千鳥浜千鳥
中隊長《ちゅうすけ》も区隊長《くすけ》もそっちのけ　ちょっと和服で茶目騒ぎ

三　秋は嬉しや
試験済んだら戦術実施　迅速測図や路上測図路上測図
それが済んだら砲台見学　ちょっと待たるる卒業式

四　冬は嬉しや
隊に帰れば見習士官　軍刀片手に澄まし顔澄まし顔

雨も降らぬに長靴で　ちょっと拍車が附けてみたい

隊付が終わり、士官候補生として軍曹の階級章を付けている陸士の本科生の一年が歌われている。主人公は砲兵のようである。砲兵だから、春は二人組みで側板測図、日曜下宿に帰れば酒と菓子である。

夏は夏期休暇、浜千鳥という名の料理屋へ直行し、軍服を和服に着替えて一騒ぎだ。浜千鳥は当時有名であったらしい。

秋は戦術実施にまた測図、砲台見学がすむといよいよ卒業式。冬は卒業して見習士官の軍服を着、軍刀を下げ、長靴をはいて原隊復帰である。しかし、陸士の長い歴史で十二月に卒業式が行なわれたのは五十期、五十一期、五十六期だけである。したがってこの詞は四季に合わせて作られたようだ。

学科嫌い

「学科嫌い」は中幼十期（陸士二十五期）の水島周平の作詞である。曲は「リパブリック讃歌」。陸士、陸幼に限らず、軍の学校には学科と術科がある。学科は一般の学校と同じ座学の授業。原題を「おれは学科は大嫌い」といい、究極の戯れ歌である。十四番まである。八番と十四番以外を紹介しよう。

一　乞食袋を重そうに　喇叭《らっぱ》の声で集まって
教室さしてゾロゾロと　行けば数学よ

二　シンコステータの三角がやっと済んだと思ったら
座標、原点、抛物線　これが解析か

三　理学博士じゃあるまいし　加速度なんか知るもんか
頭が四角や三角に　なるは重学よ

四　釘かミミズか知らないが　頓珍漢の語学など
やっても役には立たないよ　俺はナポレオン

五　孔子や孟子が酒飲んで　一杯機嫌でほら吹いた
でたらめなんか知るもんか　いやな漢文じゃ

六　昔もむかし大昔　兼好法師や貫之が
寝言を書いた国文は　溶けた水飴か

七　紙がおどって球がとぶ　煙が出たり火が消える
俺らが見たら此の理化も　やはり切支丹

九　石が黒いも青いのも　さっぱり俺には無関係
この世の中に山川の　あるは当たり前

十　下手な理屈をこねまわす　三段論法帰納法
ギリシャの昔の馬鹿者が　遺したやくざもの

十一　大工や左官のまねをする　図学なんか要るもんか
　　香気な奴らの仕事には　至極適当じゃ
十二　山の形や水の色　写真の便利も知らないで
　　珍しそうに紙に書く　画学間抜け者
十三　忠孝仁義と今さらに　勿体らしく言うけれど
　　催眠術には違いない　直ぐに眠くなる

いかがであろうか。これを陸軍の将校生徒（幼年校、中幼の生徒。陸士は士官候補生）が作詞したのである。水島は名幼の出身で、内容からすると、名幼時代に作詞し、それを中幼の百日祭で発表したのであろう。これを知った学校は激怒した。これだけ学科をバカにしたのだから、当然だが、大問題となったのは十三番である。「忠孝仁義」を「催眠術」といってのけた。このため、水島は外出禁止処分を受けたが、国語教師は逆に、彼の作詞の才能を褒めたという。水島は大正二年十二月に、秋田の歩兵第十七聯隊で少尉に任官したが、中尉に進級する前に軍籍を離れている。昭和二十二年に死去。

陸軍士官学校の食堂での食事風景

乞食袋は、生徒が教科書（教程）などを入れる袋。正式には書籍カバンという。シンコステータの三角とは三角関数。重学は現在の力学である。理化は化学、図学は技術、画学は美術のこと。

青年日本の歌（昭和維新の歌）

戯れ歌ではないが、軍歌に分類されながら、軍から歌うことを禁止された歌がある。「青年日本の歌（昭和維新の歌）」と「五・一五」である。「青年日本の歌」の作詞作曲ともに三上卓。三上は佐賀県出身、佐賀中学から海兵五十四期を出て少尉任官、昭和七年の五・一五事件では犬養毅首相を首相官邸に襲って、禁固十五年の判決を受けた。十番まですべて紹介する。

一　汨羅《べきら》の淵に波騒ぎ　巫山《ふざん》の雲は乱れ飛ぶ
　　混濁の世に吾たてば　義憤に燃えて血潮湧く

二　権門上に驕れども　国を憂うる誠なし
　　財閥富を誇れども　社稷を思う心なし

三　ああ人栄え国ほろぶ　盲《めしい》たる民世に踊る
　　治乱興亡夢に似て　世は一局の碁なりけり

四　昭和維新の春の空　正義に結ぶ丈夫《ますらお》が

五　胸裡百万兵足りて　散るや万朶の桜花

六　古びし死骸《むくろ》乗り越えて　雲漂揺の身は一つ

七　国を憂いて立つ時に　丈夫の歌なからめや

八　天の怒りか地の声か　そもただならぬ響きあり

民永劫の眠りより　醒めよ日本の朝ぼらけ

見よ九天の雲は垂れ　四海の水は雄叫びて

革新の機は到りぬと　吹くや日本の夕嵐

ああうらぶれし天地の　迷いの道を人は行く

栄華を誇る塵の世に　誰《た》が高楼の眺めぞや

九　功名何か夢の跡　消えざるものはただ誠

人生意気に感じては　成否を誰《たれ》かあげつらう

十　止めよ離騒の一悲曲　悲歌慷慨の日は去りぬ

われらが剣いまこそは　廓清の血に躍るかな

「青年日本の歌」はいまなお広く愛唱されている。

五・一五

「五・一五」の原曲は「昭和維新行進曲・陸軍の歌」。作詞作曲者は不明。五番まであるが四番まで記す。

一　若き陸生殉国の　至誠に勇む大和魂
　　昭和維新のそのために　起った決意の五・一五
二　ドンと一発革新の　のろしに挙がる鬨の声
　　さませ悪夢を開け眼を　寄せる黒潮なんと見る
三　国のためなら身命も　捧げてなんの悔いがあろ
　　永き平和を神かけて　警鐘たたく五・一五
四　どうせ散るなら潔く　桜と咲いて君のため
　　陸の勇士が国難に　花と飾った五・一五

五・一五事件は海軍士官らが犬養毅首相を暗殺した事件であるが、陸軍からは、陸士本科生徒が十一人、同元生徒一人が参加しており、「若き陸生」とは彼らを指している。彼らは陸士四十四、四十五期であり、同期は終戦時に、早い者は中佐になった。

この事件では十二人全員が禁固四年の判決を受けた。主犯の三上は禁固十五年だったが、六年後には仮釈放されている。三上は昭和四十六年に死去した。

第三章　陸軍の部隊の歌

独立守備隊の歌

部隊の歌のトップは「独立守備隊の歌」である。日露戦争で勝利し、ポーツマス条約を締結した結果、日本は満洲におけるロシアの権益を継承することになった。その中に長春（後の新京）以南の南満洲鉄道の経営もふくまれていた。鉄道は大連から長春までだが、その後、ハルビンまで延長され、さらに支線も増えた。その警備に当たったのが、独立守備隊である。兵力は約一万、歩兵六個大隊から編成された。

作詞は土井晩翠、作曲は陸軍戸山学校軍楽隊となっているが、作曲が中川東男と書かれた文献もある。昭和七年に発表された。五番まであるが、一、二、五番を記す。

一　ああ満洲の大平野　亜細亜大陸東より

始まるところ黄海の　波打つ岸に端開き
蜿蜒《えんえん》北に三百里　東亜の文化進め行く
南満洲鉄道の　守備の任負う吾が部隊

二　普蘭店をば後にして　大石橋《だいせっきょう》を過ぎ行けば
北は奉天公主嶺《こうしゅれい》　はては長春一線は
連山関に安東に　二条の鉄路満洲の
大動脈をなすところ　守りは堅しわが備え

五　ああ十万の英霊の　静かに眠る大陸に
遺せし勲承《う》け継ぎて　国威を振い東洋の
永き平和を理想とし　務めに尽す守備隊の
名に永遠の誉れあれ　名に永遠の栄えあれ

とくに解説の必要はないが、大石橋、奉天（現在の瀋陽）、公主嶺、連山関は大隊本部の所在地である。他の大隊所在地は鉄嶺と鞍山。十万とは、日露戦争における戦死者数である。

南満洲鉄道は満鉄と略され、国策会社として、鉄道以外にも多くの事業を行なった。満鉄は特急「あじあ」号を走らせたが、その技術は理事だった十河信二《そごうしんじ》らによって、戦後の日本の新幹線に生かされた。

満鉄調査部は満洲国におけるシンクタンク的存在ともなった。満鉄調査部出身者には歌手の東海林《しょうじ》太郎がいる。

朝鮮国境守備隊の歌

「朝鮮国境守備隊の歌」は日韓併合によって新設された朝鮮軍のうち、満洲との国境を警備する部隊の歌である。作詞は朝鮮軍、作曲は陸軍戸山学校軍楽隊とされるが、作詞を市川鉄蔵、作曲を国境守備隊としている資料もある。八番まであるが、一、二、三、六、八番を記す。

一　千古の鎮護《しずめ》白頭の　東に流るる豆満江
　　西を隔つる鴨緑江　蜿蜒はるか三百里
　　国境守備の名誉《ほまれ》負う　武夫《もののふ》ここに数千人

二　長白颪荒むとき　氷雪四方《よも》を閉じこめて
　　今宵も零下三十度　太刀佩く膚《はだ》は裂くるとも
　　銃《つつ》とる双手は落つるとも　同胞《はらから》まもる血は燃ゆる

三　高梁《こうりゃん》高く繁るとき　野山も里も水涸れて
　　日ごと百度の炎熱に　照る日は頭《こうべ》を焦がすとも
　　悪疫《やまい》は骨身を溶かすとも　報国の士気いや振う

六　不逞仇なす輩《ともがら》の　来たらば来たれ試し見ん

日ごろ鍛えし我が腕《かいな》　家守《も》る妻子《もの》も諸共に
などか後れん日本魂《やまとだま》　武装して起つ健気さよ
八　積もる辛苦の効果《かい》ありて　御稜威《みいつ》かがやく日の御旗
鶏林あまねく翻る　誇れ我が友眉あげて
励め我が友永《とこし》えに　国境守備の勲功《いさおし》を

国境守備隊は、満洲からの匪賊の侵入を防ぐために置かれたもので、兵力は約五千である。多くは家族とともに生活した。日本の駐在の警察官をイメージすると分かりやすい。

白頭とは朝鮮半島で最も高い白頭山のこと。標高二千七百四十四メートルで、朝鮮の霊山とされている。頂上が常に冠雪しているのでこう呼ばれる。朝鮮と満洲は豆満江と鴨緑江によって国境が区切られている。長白とは長白山のことで、白頭山の支那側の呼称。

高粱とはコウリャンのこと。鶏林は朝鮮の異称。新羅第四代の脱解王が西で鶏が鳴くのを聞いて、始林の地を鶏林と改称したことから、新羅の異称を鶏林というようになり、後に朝鮮全体を指すことばとなった。

「血潮と交えし」の一番の最後は「李氏の社稷や今いかに」となっているが、日韓併合後は、李王朝がなくなったことから、「鶏林の地や今いかに」と変えられた。

関東軍の歌

明治三十八年、日露戦争の勝利によって関東州（遼東半島の南部）は日本の租借地となった。その関東州と南満洲鉄道を守備するために関東軍が設けられたのは大正八年。従来の独立守備隊は関東軍の隷下に入った。「関東軍の歌」が作られたのは昭和十一年。関東軍は広く歌詞を募集、関東軍参謀部の軍属であった米田俊の詞が一等に選ばれた。作曲は陸軍戸山学校軍楽隊。

五番まであるが一、二、三、五番を紹介する。

一　暁雲の下《もと》見よ遙か　起伏果てなき幾山河
　　わが精鋭がその威武に　盟邦の民いま安し
　　栄光に満つ関東軍

二　興安嶺下見よ曠野《ひろの》　父祖が護国の霊《たま》ねむり
　　いま同胞《はらから》が生命を　正義に託す新天地
　　前衛に立つ関東軍

三　烈々の士気見よ歩武を　野ゆき山ゆき土に臥し
　　寒熱なんぞ死を越えて　挺身血湧く真男児
　　風雲に侍す関東軍

五　旭日の下見よ瑞気　八紘一宇共栄の
　大道ここに拓《ひら》かれて　燦々たりや大稜威《おおみいつ》
　　皇軍の華関東軍

「父祖が護国の霊」とは日露戦争で戦死した十万の将兵のことを指している。陸軍最精鋭を誇った関東軍も大東亜戦争が始まると、主力部隊を南方に抽出され、最後はソ連軍と絶望的な戦闘を強いられた。

北支派遣軍の歌

「北支派遣軍の歌」というのがあるが、不思議なことに北支派遣軍という部隊は存在しない。明治三十三年の義和団事件後、日本は北京議定書に基づき、邦人保護を目的として部隊を北京に駐屯させた。これが清国駐屯軍である。辛亥革命で清が滅亡したことから、支那駐屯軍と改称したが、昭和十二年の盧溝橋事件の当事者となった。それが支那事変の拡大によって、北支那方面軍へと発展し、支那派遣軍の隷下に入った。したがって、北支派遣軍とは北支那方面軍のことといえる。

作詞作曲は音楽家の堀内敬三。堀内は「満洲行進曲」の作曲者、「出せ一億の底力」、慶応大学の応援歌「若き血」の作詞作曲者としても知られる。二番まで紹介する。

一　御稜威《みいつ》のもとに丈夫《ますらお》が　一死を誓う皇軍《みいくさ》の
堂々進む旗風に　威は中原を圧しつつ
厳たり北支派遣軍
二　長城万里堅むとも　黄河の流れ乱すとも
猛追やまぬ陸と空　東西四方に頑敵を
撃破す北支派遣軍

駐蒙軍の歌

昭和十二年の支那事変の勃発により、蒙疆地区の警備、防衛のために駐蒙兵団が編成されたが、翌年、改編されて駐蒙軍が誕生した。作曲は陸軍戸山学校軍楽隊だが、作詞は北白川宮永久王である。皇族が部隊歌を作詞したのは他に例をみない。

永久王は、明治維新で旧幕府軍の彰義隊に担がれた輪王寺宮公現法親王《こうげんほっ》（後の北白川宮能久《よしひさ》親王）の三男、成久《なるひさ》王の長男で、陸士四十三期、陸大五十二期。昭和十四年、陸大を卒業して駐蒙軍の大尉参謀として赴任した。ところが、翌十五年、飛行機事故によって不慮の死を遂げてしまう。三十歳だった。軍は戦死扱いとし、少佐に進級した。

祖父の能久親王は、近衛師団長として、日清戦争で日本に割譲された台湾を征討するため出征し、台南で戦病死された。また、父の陸軍大佐、成久王もフランス留学中に交通事故で亡くなった。三代悲劇の宮家といわれたが、永久王の子の道久氏は伊勢神宮の宮司を務め、平成三十年死去。永久王の妃で徳川義恕《よしくみ》男爵の次女、祥子《さちこ》さんは、長く女官長として香淳皇后にお仕えし、平成二十七年一月に九十八歳で亡くなられた。五番まであるが、一、二、五番を記す。

一　黎明興亜の新天地　皇《すめ》みいくさの御旗の下に
　　瑞気みなぎる長城越えて　輝き進む駐蒙軍
二　聖戦寒熱幾千里　山西懐来八達嶺と
　　挺身遠く五原を衝きて　志気旺《さか》んなり駐蒙軍
五　広漠蒙古の風吹くも　正義盟邦民草安し
　　八紘燦たりわが大稜威《おおみいつ》　栄光に満つ駐蒙軍

駐蒙軍主力は終戦時、山西省にいたが、ソ連軍の南下が予想されたことから、根本博軍司令官は武装解除を拒否、北支那方面軍をも指揮、邦人四万人を保護しつつ、無事に復員を果した。根本は戦後、国民党政府の要請にこたえ、昭和二十四年に台湾に密航し、金門島を共産軍から防衛する作戦を指揮、金門島を守り抜き、三年後に秘密裏に帰国した。

上海派遣軍の歌

上海事変は昭和七年の第一次と同十二年の第二次があるが、「上海派遣軍の歌」は第二次上海事変に際して作られた。

昭和十二年七月の盧溝橋事件を契機とし、八月に国民党軍が上海の日本軍を攻撃してきたことで第二次上海事変が勃発、このため、邦人保護のため、上海派遣軍を編成した。当初は不拡大方針であったが、事変が拡大したため、十二月に中支那方面軍を編成し、上海派遣軍はその隷下に入った。軍司令官は当初、松井石根大将、十二月からは朝香宮鳩彦王中将。上海派遣軍の歌の作詞は上海派遣軍司令部、作曲は元陸軍戸山学校軍楽隊長、辻順治。十番まであるが、一、二、六、八番を紹介する。

一　昭和十二の夏半ば　暴戻《ぼうれい》支那を懲らさんと
　暁《あかつきくら》　昧き長江に　迫る上海派遣軍

二　呉淞《うーすん》沖に轟々と　正義の火蓋切らるれば
　敵前上陸たちまちに　羅店《らてん》に響く鬨の声

六　江陰《こういん》無錫《むしゃく》陥れば　鎮めの宮を戴きて
　聖旗は競い進み行く　太湖湖畔に秋深し

八　長駆追撃一百里　青史を永く飾るべき

首都南京の入城に　斃れし戦友《とも》も微笑《ほほえ》まん

暴戻は乱暴無道なこと。当時、暴戻支那はよく使われたことばで、略して暴支といい、これを懲らしめることを暴支膺懲《ようちょう》といった。

呉淞、羅店は上海近郊の地名。江陰は長江のほとり、無錫は太湖の北側の都市名である。鎮めの宮とは朝香宮軍司令官のこと。青史は歴史のことである。古代、紙のない時代に、青竹に文字を刻んだことに由来する。南京入城は十二月十三日である。

南支派遣軍の歌

昭和十三年九月、陸軍は古荘幹郎《ふるしょうもとお》中将を司令官とする第二十一軍を編成、広東作戦を実施する。前年に首都南京は陥落したが、国民党軍は武漢に後退、抵抗を続けたため、戦線は支那奥地に広がっていった。

同軍は十月十二日、香港の北のバイアス湾（大亜湾）に奇襲上陸し、二十一日には広東（広州）に突入、占領してしまった。同軍は南支那方面軍へと発展したが、通常、南支派遣軍と呼ばれた。

南支派遣軍の歌の作詞は同派遣軍報道部、作曲は陸軍戸山学校軍楽隊長を務め、後に少佐となった大沼哲。七番まであるが、三番まで紹介する。

一　波濤万里を蹴りて衝く　白耶士湾《ばいあす》に月しるく
時神無月十二日　奇襲上陸ここに成る
青史を飾るこの朝《あした》　勲は永遠《とわ》に薫るかな
ああわれら南支派遣軍

二　道なく橋なく山深く　熱風百度の行軍に
口糧尽きて生の芋　齧りて進むつわものの
灼くる鉄兜《かぶと》に迸《ほとば》しる　玉なす汗の雫かな
ああわれら南支派遣軍

三　荒鷲われらが上に舞い　恵州博羅《はくら》増城と
撃てば潰《つい》えぬ敵ぞなき　天嶮恃む防塁も
我が疾風の進撃に　蟷螂の斧に似たるかな
ああわれら南支派遣軍

三番の恵州、博羅、増城は広州に至る都市名である。国民党軍は、日本軍が進撃すると、迎撃すると見せかけて撤退する作戦をとったため、広東は九日で占領できたが、その後の抵抗は激しく、日本軍は更に奥地に誘引されることになっていく。

朝鮮北境警備の歌

朝鮮北境警備の歌は昭和二年に作られ、同三年に朝鮮や内地で広く流行した。前に紹介した朝鮮国境守備隊のことを唄ったものである。民謡調で部隊歌ではない。作詞作曲は星善四郎。六番まであるが四番まで紹介する。

一　ここは朝鮮北端の　二百里あまりの鴨緑江　渡れば広漠南満洲
二　極寒零下三十余度　卯月なかばに雪消えて　夏は水沸く百度余ぞ
三　努むるわれら同胞《はらから》の　安き夢だに結び得ぬ　警備の辛苦誰か知る
四　河を渡り襲い来る　不逞の輩の不意打ちに　妻も銃とり应戦す

家族共々任務に就いていることが分かる。朝鮮や満洲においては兵士だけではなく、すべての日本人が国のために身命を捧げる覚悟をもち、戦っていたのである。

台湾軍の歌

台湾軍は日清戦争後の台湾総督府陸軍部が前身。大正八年に独立して台湾軍となった。昭和十九年には第十方面軍と名称が変わったが実態は台湾軍であった。

台湾軍の歌の作詞は昭和十五年から十六年まで軍司令官を務めた本間雅晴中将、在任中の作詞である。作曲は南支派遣軍の歌の作曲者である大沼哲。本間は陸士十九期、陸大二十七期、大東亜戦争が始まるや、台湾から第十四軍司令官に転出し、フィリピン攻略を指揮したが、戦後、バターン死の行進などの責任をとらされて法務死した。

本間はフィリピン攻略後、将兵に対し「焼くな、犯すな、奪うな」を徹底し、住民からは感謝されたが、米軍にとっては、それが煙たい存在となったのだろう。台湾軍の歌は四番まであるが三番まで紹介する。

一　太平洋の空遠く　輝く南十字星　黒潮しぶく椰子の島
　荒波吼《ほ》ゆる極東を　睨んで起てる南《みんなみ》の　護りは吾ら台湾軍
　嗚呼厳として台湾軍

二　胡寧の戦武漢戦《いくさ》　海南島に南寧に　弾雨の中を幾山河
　無双の勇を謳われし　精鋭名ある南の　護りは吾ら台湾軍
　嗚呼厳として台湾軍

三　歴史は薫る五十年　島の鎮めと畏くも
　神去りましし大宮の　名残りを受けて蓬莱に
　勲を立てし南の　護りは吾ら台湾軍
　嗚呼厳として台湾軍

二番の胡寧、武漢、海南島、南寧はいずれも台湾軍が大陸に動員されて戦った作戦を指す。この時期、台湾人は徴兵されておらず、台湾人が大陸の国府軍と対峙することはなかった。

三番の五十年は日本の台湾統治の年月、神去りましし大宮とは、駐蒙軍の歌の作詞者、北白川宮永久王の祖父、能久親王が近衛師団長として、日清戦争で日本に割譲された台湾を平定するため出征し、台南で戦病死されたことを指している。

戦後、台湾は大陸から亡命してきた国民政府の統治下に入ったが、多くの台湾人は、国府の国歌「三民主義」を国歌とは認めず、台湾軍の歌を国歌代わりに唄った。いまでも高齢者は日の丸を振って台湾軍の歌を唄う。

比島派遣軍の歌

台湾軍の歌と同じく、本間が作詞したのが比島派遣軍の歌である。

同軍は大東亜戦争開戦直前の昭和十六年十一月にフィリピン攻略のために編成された。台湾から赴任した本間はここでも作詞をしたのだった。文化人の一面をもっていたのである。

作曲は信時潔。四番まであるが、二番までを記す。

一　海の鳳《おおとり》陸の鷲　銀の翼を連ねつつ
　飛ぶや南の大空に　襲うニコラスニールソン
　クラークフィールド忽《たちま》ちに　敵機は消えて名にし負う

空の要塞今いずこ　P40の影もなし
燦たり空の撃滅戦

二　舳艪《じくろ》ふくんで数百の　大船団は海を掩い
太平洋の荒海を　蹴立てて進むルソン島
暁かけて精鋭は　弾雨の中を敢然と
椰子の浜辺に攻め上り　首都を目指して押し寄せぬ
燦たりマニラ攻略戦

ニコラス、ニールソン、クラークフィールドはいずれもルソン島の米軍航空基地。P40はカーチスP-40のことで、当時の米軍の主力戦闘機である。

フィリピンは米西戦争の結果、明治三十一年から米国の植民地にされていたが、大東亜戦争開戦後、日本軍が上陸、昭和十七年一月二日には首都マニラが陥落、五月に全土を占領した。当初、四十五日で作戦を完了する予定だったが、米軍がコレヒドール島に立て籠もって抵抗したため。百五十日を要した。この結果、本間は占領後の八月に予備役に編入されてしまう。

米軍捕虜七万人の約半数をマリベレスから収容所までの八十八キロを徒歩で移動させたが、日本の守備兵も徒歩で移動したのである。死者の多くはマラリア罹患者であったともいう。

ビルマ派遣軍の歌

大東亜戦争開戦から間もなく、南方軍は飯田祥二郎中将を司令官とする第十五軍を編成、ビルマ攻略を命じた。これがビルマ派遣軍である。同軍はビルマ人からなるビルマ独立軍、インド人からなるインド国民軍とともに、英米軍ならびに蒋介石から派遣された国府軍と戦い、昭和十七年三月には首都ラングーンを陥落させ、五月末にはビルマ全土を解放した。ビルマは長年、英国の植民地として塗炭の苦しみを味わってきたが、日本、ビルマ、インドの三軍によって解放されたのである。これを見ても、大東亜戦争が侵略戦争でないことは明らかである。

「ビルマ派遣軍の歌」は四番まであるが一、二番を紹介する。

一　詔勅のもと勇躍し　神兵ビルマの地を衝けば
　首都ラングーンは忽ちに　我が手に陥ちて敵軍は
　算を乱して潰えたり　宿敵老獪英国の
　策謀ここに終焉す　光燦たりビルマ派遣軍

二　イラワジ河の水ゆるく　御国の楯と進みゆく
　我が兵《つわもの》の背に高く　黄金《こがね》のパゴダそびえ立ち
　セクバンの花萌え出でて　再生ビルマの民衆に

兵の笑顔の莞爾たり　御稜威洽《あまね》しビルマ派遣軍

作詞は火野葦平、作曲は古関裕而。火野は福岡県出身、支那事変に出征中、出征前に書いた「糞尿譚」が芥川賞を受賞、その後の「麦と兵隊」「土と兵隊」「花と兵隊」の兵隊三部作はベストセラーになった。昭和三十五年自殺、享年五十三歳。

イラワジ川はビルマ中央を流れる大河。セクバンは真っ赤な花を咲かせる南国の花。

ビルマ派遣軍は、昭和十九年、制空権なきままインパール作戦を敢行、作戦は失敗し、甚大な損害を出す。ビルマは平成元年にミャンマーと改称し、首都ラングーンもヤンゴンとなったが、これはビルマ族以外の民族に配慮したものである。首都はネピドーに移転した。

ミャンマーの高齢者の中には現在もビルマ派遣軍の歌を唄える人がいるし、ミャンマー軍のパレードには帝国陸軍の軍歌が流れる。

ビルマに派遣された陸軍部隊。後方に独特のパゴダ(仏塔)を持つ寺院が見える

大南方軍の歌

南方軍は大東亜開戦に先立って昭和十六年十一月に編成された。「大南方軍の歌」は開戦後しばらくして作られた。作詞は南方軍司令部、作曲は古関裕而。五番まであるが二番までを紹介する。

一 亜細亜の南緑なす　天賦の山河幾億の　共栄の民同胞《はらから》と
皇道楽土建設の　威望に栄ゆる大使命　燦たり我等大南方軍

二 輝く御稜威戴きて　ああ絶大のこの戦果
遠く祖国の雲の峰　仰ぎて今ぞ神兵の
眉にひらめく大決意　厳たり我等大南方軍

南方軍はマレー・シンガポール作戦、インドネシア戡定戦《かんていせん》、フィリピン攻略戦、ビルマ攻略戦などを戦い、大東亜戦争末期には南方総軍となった。総司令官は終始、寺内寿一元帥陸軍大将。寺内は終戦の翌年に収監先のマレーシアの施設で病死する。

航空軍の歌

陸軍は開戦の翌年、第一航空軍を編成、順次、第二から第六までの航空軍を編成して昭和二十年三月にはこれら六個航空軍を指揮する航空総軍を編成した。「航空軍の歌」は第一航空軍編成にともなって作成された。作詞は第一航空軍司令部、作曲は陸軍戸山学校軍楽隊長、辻順治。五番まであるが、一番だけ紹介する。

一　正気鍾《あつ》まる神州の　空の護りを果すべく
　　昭和十七六月に　大命拝受誕生す
　　あゝ精強の航空軍

機甲団の歌

陸軍は昭和十七年になって戦車師団を編成した。当初は第一、第二の二個師団で、最終的には四個師団となったが、これらを指揮したのが機甲団である。「機甲団の歌」の作詞は山田国太郎、作曲はこれまでもたびたび登場した大沼哲。四番まであるが、こちらも一番だけ紹介する。

一　八紘一宇の礎を　世界に樹《た》つる機甲団
　　強く大地を踏みしめて　並ぶ偉容は鉄壁ぞ
　　妖雲消えて日の丸の　旗風清く意気高し

山田は愛知県出身、陸士二十七期、陸大四十期恩賜。第一戦車団長、第二戦車旅団長など主に機甲畑を歩み、昭和十八年に中将、第四十八師団長としてチモール島で終戦を迎えた。昭和五十九年に亡くなっている。

戦隊歌リレー

部隊の歌の最後は「戦隊歌リレー」である。これは陸軍の各飛行戦隊の隊歌の一番のみをメドレーで唄うものである。ただし、すべての戦隊に隊歌があったわけではない。

陸軍航空は明治時代の気球隊を始まりとし、第一次世界大戦後の大正十一年、複葉機を中心とした飛行大隊が誕生した。その二年後には飛行聯隊に格上げとなり、支那事変の翌年の昭和十三年に飛行戦隊となった。同年には陸軍予科士官学校卒業後に入校する陸軍航空士官学校が新設された。陸軍も航空の重要性を認識していたのである。終戦時、飛行戦隊は九十二隊あった。戦隊長は通常、中佐か大佐。大東亜戦末期には大尉の戦隊長もいた。『雄叫』に収容されている戦隊歌は二十六隊だが、このうち十三隊を紹介しよう。

まずは飛行第一戦隊である。

一　輝く伝統新しき理想　常に吾らの希望はさやけし
　いざいざ今日よりまた　力強き歩み空軍一の
　精鋭の名に散らんその日まで

岐阜・各務原《かがみがはら》で昭和十三年七月に編成された戦闘を目的とした部隊である。飛行第一大隊以来の最古参の部隊で、ノモンハン事件、マレー・シンガポール作戦、ジャワ攻略戦、ビルマ攻略戦、ガダルカナル攻撃、フィリピン作戦などほとんどの主な空戦に参加した歴戦の部隊である。本土決戦に備えて埼玉県の高萩飛行場（現日高市）で再編成をしたところで終戦を迎えた。戦隊となってからの九人の戦隊長のうち五人が戦死している。いかに激戦地に投入されたかが分かる。

同じ各務原には同時に飛行第二戦隊も置かれた。満洲、フィリピンに展開した偵察を主任務とした部隊である。

二　蘇水洋々尽くるなく　暁雲模糊たり白帝城
　晩霞は閉ざす大空に　仰ぐは雪の玉芙蓉《ぎょくふよう》
　見よ飛行二戦隊

蘇水は木曽川のことを漢風に呼んだ名である。白帝城は木曽川沿いの犬山城を荻生徂徠が李白の「早《つと》に白帝城を発す」に因んで名付けた名前である。玉芙蓉は美しい富士山。

飛行第三戦隊は滋賀県八日市で編成された。偵察と爆撃を主任務とした。

三　征空今ぞ高らかに　見よ暁の大日本
　空の護りの重任を　担いて立てる健男児
　空軍一の精鋭と　起てよ飛行三戦隊

昭和十九年十月、フィリピンのルソン航空総攻撃に部隊すべてが参加、全機未帰還となった。壮絶な部隊玉砕である。

飛行第四戦隊は福岡の芦屋で編成され、後に大刀洗《たちあらい》に移った。戦闘が主任務である。

四　皇軍は世々天皇の股肱たり　起て起て神洲男児
　空の王者わが大刀洗は　宮殿下迎えしところ
　銀翼燦たり燦たり　飛行第四戦隊

航空兵科に在籍した皇族はいないので、「宮殿下」は視察などで部隊を訪れた皇族を指すと思われる。部隊は終始、九州の防空に奮闘、Ｂ24、Ｂ29などと死闘を繰り返した。

飛行第五戦隊は東京・立川で編成された戦闘を主任務とする部隊である。

五　青空の彼方清く仰ぐ芙蓉　立川飛行隊
　任ありひたすら努む　皇都の鎮めに

開戦後はジャワ、チモール、ラングーン（現ヤンゴン）などに展開、大戦末期には名古屋で敵機の邀撃に当たった。

飛行第六戦隊は朝鮮の平壌で編成された軽爆撃を主任務とする部隊である。

六　西鶏林は楽浪の　都流るる大同江
　戦史にしるき牡丹台《ぼたんだい》　空の護りと選ばれて
　集う五百の健男児　われらは平壌飛行隊

鶏林は朝鮮の異称、楽浪は古代支那の魏によって付けられた平壌周辺の郡名。大同江は平壌を流れる大河。牡丹台は日清戦争の戦跡地。明治二十七年八月、平壌中心で日本軍の攻撃にさらされた清国軍は牡丹台に逃げ込んだが、立見支隊などに攻め立てられ撤退したことを指している。

この部隊は終始、朝鮮半島で任務を遂行した。

飛行第七戦隊は重爆撃を主とした浜松で編成された部隊である。

二式単座戦闘機「鍾馗」の列線の前で整列、隊長に敬礼する陸軍の荒鷲たち

七　金鼓の響きおさまりて　三百年の夢をのせ
草は平和に眠れども　三方ヶ原の原頭に
戦《いく》さの道はよみがえり　いまプロペラの音高し

元亀三（一五七二）年、上洛を企図した武田信玄は途次、遠州浜松の徳川家康を三方ヶ原に誘い出し、これを攻めた。家康は善戦したが、圧倒的な武田軍の前に浜松城に逃げ帰った。七戦隊の隊歌はこの故事を歌っている。

飛行第八戦隊は台湾の屏東《へいとう》で編成された偵察、軽爆撃の部隊である。屏東から移動することはなかった。

八　黒潮かおり椰子しげる　その名もゆかし高砂の
島の護りと日の本の　南の果ての防人と
鵬翼つらね屯する　われらは屏東飛行隊

朝鮮北部感興北道の会寧《かいねい》で編成されたのは飛行第九戦隊である。

九　御稜威かがやく北鮮の　めぐる山河にこだまして

爆音高く雄飛する　われらは会寧飛行隊

曲は「歩兵の本領」である。同戦隊は戦闘が主任務で、大東亜開戦時は満洲に展開、次いで中支、南支に移動、対支空軍戦では最多の撃墜数を誇った。

台湾・嫩江で編成され、後に嘉義に移った飛行第十四戦隊は重爆撃を主任務とした。

十　北緯二十三度半　北回帰線直下の地
灼熱の陽に身を灼きて　南境空の一線に
鉄腕揮うつわものは　台湾嘉義の飛行隊

嘉義は北回帰線直下にある。

満洲のハルピンで編成された戦闘機主体の飛行第十一戦隊は関東軍所属、ノモンハン事件では五十機以上のソ連機を撃墜、大東亜開戦後はマレー・シンガポール作戦、ジャワ攻略戦、ビルマ攻略戦に参加、その後、トラック島からラバウルに進出してガダルカナル攻撃、さらにフィリピン作戦にも参加した。陸空軍の猛者中の猛者である。

十一　八紘一宇共栄の　和平を紊《みだ》す者あらば
南飛北翔われ征かん　無敵の空軍意気高し

神武の精神現わさん　飛行第十一戦隊

台湾の台中で編成された飛行第五十戦隊は戦闘機主体、大東亜開戦に際し、フィリピンに上陸する陸軍を援護、マレー・シンガポール攻略にも参加し、その後はビルマ攻略に参戦、次いでインパール作戦に投入された。同作戦は制空権を失った中での作戦といわれるが、数少ない航空参加部隊である。その後はベトナムのサイゴンで編成を建て直し、本土決戦に備えて台湾に戻った時点で終戦を迎えた。

隊歌の冒頭に短歌が入る。

十二　君がため南十字の空遠く　華と散りてむ吾は益良雄
　皇都遥か南《みんなみ》の　黒潮薫る高砂の国
　翼の結びもいや固く　御国の鎮め大君の
　醜の御楯と空守る　厳たり台中飛行隊

最後に紹介するのは飛行第六十四戦隊歌である。支那の彭徳《ほうとく》で編成された。

十三　エンジンの音轟々と　隼は征く雲の果て
　翼に輝く日の丸と　胸に描きし赤鷲の

しるしは吾らが戦闘機

同隊は昭和十三年八月に編成された戦闘を主任務とする部隊で、加藤隼戦闘隊として有名である。初代戦隊長は、陸士校歌を作詞した寺西多美弥。対支戦闘の後、ノモンハン事変に参加し、第二代戦隊長は戦死している。

加藤建夫は同隊の生え抜きで、一時、陸大専科と航空本部に勤務したが、十六年四月、第四代戦隊長に就任、ビルマ作戦の指揮をとった。しかし、十七年五月、ビルマ上空で英軍と交戦中被弾し、ベンガル湾に突入、自爆した。同日付で二階級特進して少将となった。

同隊の活躍を東宝が「加藤隼戦闘隊」として映画化、その主題歌がそのまま、戦隊歌として定着した。

同隊はその後、インパール作戦に従軍、仏領インドシナで終戦を迎えた。

第四章　陸軍の儀礼の歌

海行かば

儀式、儀礼で歌われる軍歌を紹介しよう。まずは「海行かば」である。「海行かば」は陸海軍共通である。明治十三年に将官に対する儀礼用として制定された。詞は万葉集の大伴家持の、大伴家の益荒男振りを謳った長歌の一節からとった。このときの曲は現在人口に膾炙しているものではない。宮内省雅楽部の東儀季芳の手になるもので、明るいテンポである。「軍艦行進曲」の挿入歌としていまも聞くことができる。現在知られている荘厳な曲は東京音楽学校（現東京芸術大学）教授だった信時潔が現在のＮＨＫの依頼を受けて昭和十二年に発表したものである。詞も最終行が「のど（長閑）には死なじ」から「かえりみはせじ」に変更された。家持の長歌にはこの二種類があったとされている。

本来は将官への儀礼歌であったが、出征兵士を送ったり、英霊を迎えたり、さらには戦いの覚悟や鎮魂の意味を込めて歌われるようになり、第二の国歌としての性格をもつに至った。

一　海行かば水漬くかばね　山行かば草むすかばね
　　大君のへにこそ死なめ　かえりみはせじ

来たれや来たれ

「来たれや来たれ」は明治十九年に発表された『軍歌』と題する軍歌集に「軍歌」のタイトルで掲載された。作詞は「抜刀隊」の外山正一、作曲は宮内省音楽掛の伊沢修二。二年後には『明治唱歌』に「皇国《みくに》の守《まもり》」として再録され、詞の一部も変更された。さらに日清戦争開戦の明治二十七年には「来たれや来たれ」とタイトルが変えられた。一、二番を紹介する。

一　来たれや来たれいざ来たれ　皇国《みくに》を守れやもろともに
　　寄せくる敵は多くとも　恐るるなかれ恐るるな
　　死すとも退くことなかれ　皇国のためなり君のため
二　勇めや勇めみな勇め　つるぎもたまもなんのその
　　皇国を守るつわものの　身は鉄よりもなお固し
　　死すとも退くことなかれ　皇国のためなり君のため

将兵だけではなく、国民を鼓舞する内容で、覚えやすく歌いやすい。

凱旋（道は六百八十里）

「凱旋」には二曲ある。その歌い出しから、それぞれ「道は六百八十里」「あな嬉し」と呼ばれる。いずれも明治二十四、五年ごろ、日清戦争前の作である。本来なら戦勝を祝って作られるのであろうが、それでは間に合わないので、事前に作られたのであろう。

「道は六百八十里」は二番まである。

一　道は六百八十里　長門の浦を船出して
早や二とせを故郷《ふるさと》の　山を遙かに眺むれば
曇りがちなる旅の空　晴らさにゃならぬ日の本の
御国のためと思いなば　露より脆き人の身は
ここが命の捨てどころ　身には弾きず剣きず

二　負えどもつけぬ赤十字　猛き味方の勢いに
敵の運命きわまりて　脱ぎし冑《かぶと》を戟《ほこ》の尖《さき》
串《さ》してぞ帰る勝ち軍《いくさ》　空の曇りも今日晴れて
一層《ひときわ》高き富士の山　峰の白雪消ゆるとも

勲を建てし丈夫《もののふ》の　名誉《ほまれ》は永く尽きざらん

作詞は石黒行平、作曲は「歩兵の本領」などの永井建子である。壮士節、兵隊節の流れを汲む歌で、明治前期の軍歌を代表する歌である。恨みを晴らす相手はもちろん清国。

凱旋（あな嬉し）

「あな嬉し」は明治二十五年、佐佐木信綱作詞、納所弁次郎作曲。四番まであるが、二番まで紹介する。

一　あな嬉し喜ばし　たたかい勝ちぬ
　　百々千々《ももちぢ》の敵《あだ》はみな　あとなくなしつ
　　あな嬉し喜ばし　この勝ちいくさ
　　いざ歌えいざ祝え　この勝ちいくさ

二　敵はみな跡もなく　うち滅ぼしぬ
　　心地よや心地よや　この勝ちいくさ
　　わが国にわが君に　射向かうものは
　　かくのごと討ちすてん　今より後も

作詞の佐佐木信綱は明治五年生まれ。三重県出身の歌人で、父弘綱も歌人、三男治綱も歌人、治綱の子の幸綱も歌人である。作曲の納所弁次郎は慶応元年、江戸の幕臣の家に生まれ、後に作曲家となった。

敵は幾万

「敵は幾万」は軍人はもちろん、一般の人にも広く唄われた。旧制高校や中等学校などでは、応援歌としてそのまま唄ったり、歌詞を応援風に変えたりして唄われた。

作詞は明治時代の作家で詩人の山田美妙。明治元年、南部藩士の子として江戸に生まれ、硯友社の設立にも参加した。彼が明治十九年に『新体詩選』に発表した詩に小山作之助が曲を付けたのが「敵は幾万」である。

小山は越後（新潟県）出身、山田より五歳年長の文久三年生まれ、東京音楽学校を首席で卒業した明治、大正を代表する作曲家である。小山が作曲した「夏は来ぬ」はいまでも唄い継がれている。

三番まであるのですべて紹介する。

一　敵は幾万ありとても　すべて烏合《うごう》の勢《せい》なるぞ
　　烏合の勢にあらずとも　味方に正しき道理あり
　　邪はそれ正に勝ち難く　直は曲にぞかち栗の

堅き心の一徹は　石に矢の立つためしあり　石に立つ矢のためしあり
など恐るることやある　など て撓《たゆ》とうことやある
二　風にひらめく聯隊旗　しるしは昇る朝日子《あさひご》よ
旗は飛びくる弾丸に　破るるほどこそ誉れなれ
身は日の本のつわものよ　旗にな恥じそ進めよや
斃るるまでも進めよや　裂かるるまでも進めよや　旗にな恥じそ恥じなせそ
など恐るることやある　など て撓とうことやある
三　敗れて逃ぐるは国の恥　進みて死ぬるは身の誉れ
瓦となりて残るより　玉となりつつ砕けよや
畳の上にて死ぬことは　武士のなすべき道ならず
骸《むくろ》を馬蹄にかけられつ　身を野晒《ざら》しになしてこそ　世に武士《もののふ》の義といわめ
など恐るることやある　など て撓とうことやある

歌詞は単純、解説の要はないであろう。まったく同じ曲で「進め矢玉」がある。これは明治二十八年に発表された『忠実勇武軍歌集』に収められた中村秋香の詞に小山の曲を付けたものである。二番まであるが一番だけ紹介する。

一　進め矢玉の雨の中　飛びこめ剣の霜の上

わが日の本の国の名を　世界に揚ぐるは今日なるぞ
血をもて色どれ日の御旗《みはた》　骨もて固めよ国の基
必死を究めしつわものの　背にこそ凱歌は負わるなれ
背にこそ凱歌は負わるなれ　飛びこめ剣の霜の上　進め矢玉の雨の中

大変勇ましい内容だが、第一聯と最終聯が同じで、第二聯と最後から二聯目が同じという凝った作り方をしている。

実は「敵は幾万」の替え歌がある。「菓子は幾万ありとても」といい、陸士十八期生が明治三十八年に陸軍中央幼年学校在校中に作ったものらしい。陸幼、中幼、陸士でも唄われた。戯れ歌であるが、軍歌として認知され「雄叫び」にも記載されている。一番しかない。

一　菓子は幾万ありとても　すべて砂糖の製なるぞ
砂糖の製にあらずとも　中には小豆の餡もある
羊羹カステラ勝ち難く　蕎麦にウドンに勝栗の
食いたい心の一徹は　茶碗に噛みつく例しあり　箸を噛み折る例しあり
などて喰わずにおかりょうか　などて喰わずにおかりょうか

軍人も人の子、とくに軍学校の生徒はいつも腹を空かせている。昼の軍歌演習で「敵は幾万」を唄った後、替え歌で「菓子は幾万ありとても」を作ったのだろう。ユーモアと切実感がある。

軍旗

「軍旗」は大和田建樹作詞、永井建子作曲である。一番だけ紹介する。

一　かたじけなくも大君の　勅語とともに軍隊に
　　授け給えるわが軍旗　光は国の光なり

軍旗とは聯隊旗のことである。聯隊旗を授与されるのは歩兵、騎兵、砲兵の聯隊のみで、工兵や輜重兵、航空兵には軍旗はない。天皇陛下ご臨席のもと、勅語とともに聯隊長に授与される。初めて軍旗が授与されたのは明治七年一月、近衛歩兵第一聯隊と同第二聯隊である。

現存しているのは歩兵第三百二十一聯隊（昭和二十年七月二十三日授与）の軍旗だけで、靖国神社の遊就館に展示されている。

陸軍行進曲

「陸軍行進曲」には（一）と（二）がある。いずれも教育総監部が昭和三年の昭和天皇の御大礼を記念して制定、観兵式などで演奏された。

作詞はともに巌谷小波《いわやさざなみ》、作曲は（一）が佐藤長助、（二）が陸軍戸山学校軍楽隊である。

巌谷は明治三年、近江水口藩の藩医の子として東京に生まれたが、医者の道を拒否して児童文学の道に進んだ。彼が作詞した文部省唱歌「ふじの山」「一寸法師」はいまも唱われている。昭和八年没。

佐藤は明治三十九年、宮城県の出身、陸軍戸山学校音楽科に入り、首席で卒業、陸軍軍楽隊の作曲者として多くの軍歌を手がけた。昭和五十八年没。

（一）は四番までであるが一、二番を紹介する。

一　思えば畏し神武の帝　御国《みくに》を建てさせたまいしときも
　親しく諸軍を統べさせたまう　極東洋上日出づる国を
　万古に固むる男児の誉れ　われらは陸軍軍人ぞ

二　三千年来ためしをここに　われらが頭首は世界に比なき
　允文允武《いんぶんいんぶ》のわが大君よ　極東洋上日出づる国を
　万古に固むる男児の誉れ　われらは陸軍軍人ぞ

万古は永遠という意味、允文允武は、和語では「まことに文、まことに武」と読み、天子に文武の徳が備わっていることをいう。詩経から出たことばである。

（二）は三番まであるが一、三番を紹介する。

一　旭日燦たる帝国の　万世不変の国光を
遮る雲は疾風《しっぷう》と　掃《はら》い除かんわが火砲《ほづつ》
すでに幾度の大戦に　希有の大捷博したる
わが皇軍の行くところ　常に天佑また神助

三　鬼神の如きあだ来《く》とも　何か恐れん我にまた
天《あま》をも翔ける翼あり　地をも砕かんわが拳
すでに幾度の大戦に　希有の大捷博したる
わが皇軍の行くところ　常に天佑また神助

進軍の歌

「進軍の歌」は昭和十二年の支那事変勃発直後、東京日日新聞と大阪毎日新聞が合同で募集した戦意高揚歌の懸賞当選歌である。作詞は本多信寿、作曲は陸軍戸山学校軍楽隊。本多についてては資料がない。六番まであるが一、二番を紹介する。

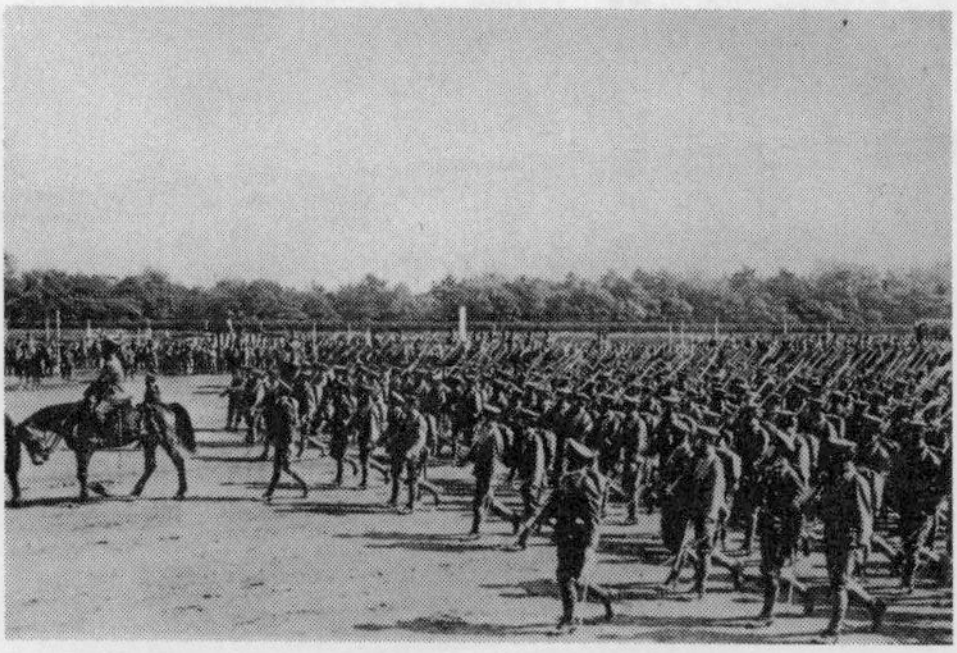

代々木練兵場で行なわれた観兵式

一　雲湧きあがるこの朝《あした》　旭日の下《もと》敢然と
　　正義に立てり大日本《だいにっぽん》　執《と》れ膺懲《ようちょう》の銃と剣
二　祖国の護り道のため　大君《きみ》の詔勅《みこと》を畏みて
　　山河に興る胆と熱　鳴れ進軍の旗の風

大変勇ましい曲でテンポの小気味よさが特徴である。

陸軍航空の歌

「陸軍航空の歌」は陸軍礼式歌とされていて、当時の陸軍航空関係者の会である星空会が選定した。作詞は鵜沢清、作曲は陸軍戸山学校軍楽隊。鵜沢については資料がない。七番までのすべてを紹介する。

一　神武の昔天高く　金鵄の翼燦然と
　　その日東に羽搏《はばた》きて　征戦すでに幾そたび
　　陸の空軍輝けり
二　敵情さぐり敢然と　砲煙弾雨冒しては
　　見よ友軍を導きて　わが両翼に懸りたる

三　使命は重し偵察機
幾百千機寇《あだ》すとも　その只中に突き入れば
敵影失せて跡もなし　ああ神州の華と散る
誉は薫る戦闘機

四　黎明告ぐる大陸の　幾山河《いくやまかわ》や雲遠く
敵殲滅の命受けて　微塵と砕く空爆の
凱歌は揚がれ爆撃機

五　炎熱灼《や》くが如き日も　酷寒肌を刺す夜半も
艱難辛苦堪え忍ぶ　器材の巧み見よや人
蔭に整備の力あり

六　鵬翼万里敵を撃ち　我が荒鷲を導きて
その任尽くす通信の　昼夜分かたぬ活動は
実《げ》に必勝の基なれ

七　皇御国《すめらみくに》の大空に　妖雲攘《はら》う御楯われ
東亜の平和永久《とこしえ》に　正義を守る陸軍の
偉容は仰げ空の陣

曲は軽快。偵察、戦闘、爆撃、整備、通信を歌い込んだ名曲である。

第五章　陸軍兵科の歌

日本陸軍

陸軍には兵科がある。歩兵、騎兵、砲兵、工兵などである。兵科にはそれぞれ歌があるが、それを紹介する前に、各兵科を順に唄った「日本陸軍」を紹介しよう。十番まであり、各番ごとにタイトルが付けられている。一番の「出陣」から兵科をタイトルとした八番までを記す。

一　(出陣) 天に代りて不義を討つ　忠勇無双の我が兵は
歓呼の声に送られて　今ぞ出で立つ父母の国
勝たずば生きて還らじと　誓う心の勇ましさ

二　(斥候) あるいは草に伏し隠れ　あるいは水に飛び入りて

万死おそれず敵情を　視察し帰る斥候兵
肩にかかれる一軍の　安危は如何に重からん

三（工兵）道なき方《かた》に道をつけ　敵の鉄道うちこぼち
雨と散り来る弾丸を　身に浴びながら橋かけて
わが軍渡す工兵の　功労なにか譬《たと》うべき

四（砲兵）鍬取る工兵助けつつ　銃《つつ》取る歩兵助けつつ
敵を沈黙せしめたる　わが軍隊の砲弾は
放つに当たらぬ方《かた》もなく　その声天地に響けり

五（歩兵）一斉射撃の筒先《つつさき》に　敵の気力をひるませて
鉄条網も物かわと　躍り越えたる塁上に
立てし誉れの日章旗　皆わが歩兵の働きぞ

六（騎兵）撃たれて逃げ行く八方の　敵を追い伏せ追い散らし
全軍のこらず打破る　騎兵の任の重ければ
わが乗る馬を子の如く　いたわる人もあるぞかし

七（輜重兵）砲工歩騎の兵強く　連戦連捷《れんしょう》せしことは
百難侵して輸送する　兵糧輜重の賜ぞ
忘れな一日おくれなば　一日たゆとう兵力を

八（衛生隊）戦地に名誉の負傷して　収容せらるる将卒の

命と頼むは衛生隊　ひとり味方の兵のみか
敵をも隔てぬ同仁の　情よ思えば君の恩

この歌は明治三十七年七月、日露戦争たけなわのころ、東京開成館という出版社から発表された。作詞は「四条畷」や「青葉の笛」の大和田建樹、作曲は東京開成館編集部の深澤登代吉。三番の工兵から七番の輜重兵までが兵科を唄っている。二番の斥候は各兵科に存在し、斥候兵という兵科はない。また、八番の衛生隊も現在の自衛隊では独立した職種であるが、旧軍においては各兵科に設けられていた。

内容を説明する必要はないであろう。この歌は大東亜戦争で出征する兵士を駅などに見送る際に「出征兵士を送る歌」とともに広く唄われた。

工兵の歌

「工兵の歌」は陸士五十二期生が作詞した比較的新しい軍歌である。五十二期は昭和十三年二月に陸士本科に入校、十四年九月に卒業しているので、その間に作られたものであろう。作曲は「上海派遣軍の歌」作曲の辻順治。九番まであるが三番までを紹介する。

一　聖戦進む大陸に　膺懲の師の征くところ
峻険はばむ大別《たいべつ》も　怒濤逆巻くヴァイアスも

正義の戈《ほこ》に抗《むか》うなし　わが襟の色自信《ちから》あり

二　剛胆機敏敵陣に　身をもて開く突撃路
轟然あがる爆音に　突撃の機は熟したり
進め！義烈の我が戦友よ　われらが屍乗り越えて

三　敵弾雨飛の水濠に　徒橋を肩の人柱
渡る歩兵を励ましつ　仰ぐ敵地の日の御旗
胆に銘ぜし犠牲《いけにえ》の　尊き精華いま咲けり

一番の師とは本来、戦団の意味で、後に戦争を意味するようにもなった。「師団」はここからでた言葉である。戦争を始めることや、出陣することを「出師《すいし》」という。大別は支那の河南、湖北、安徽の三省にまたがる大別山脈のこと、ヴァイアスは昭和十二年七月に南支派遣軍が上陸した香港の北の白耶士（大亜）湾のこと。

二番は昭和七年二月、第一次上海事変における上海郊外の廟行鎮の戦いで、歩兵の突破口を確保するため、破壊筒ごと自爆して敵の鉄条網を破った九州・久留米の独立工兵第十八大隊の爆弾三勇士をイメージしたものである。

爆薬を詰めた破壊筒を抱えて走る工兵。筒を障害物の下で爆破し、突撃路を開く

三番は、河川などに橋がない場合、工兵は肩で橋を支えて歩兵を渡河させることがあり、その苦労を表わしている。

襟章は鳶色。自衛隊では施設科と称している。

歩兵の本領

「歩兵の本領」は明治四十四年、陸軍中央幼年学校の百日祭で発表された。作詞は在校生の加藤明勝。加藤は愛知県出身、名幼から中幼十期、陸士二十五期を出て津の歩兵第五十一聯隊で任官、中尉まで進んだが、同聯隊が宇垣軍縮で廃止されると、台湾歩兵第一聯隊付となり、その後、軍籍を離れた。曲は明治三十二年に発表された永井建子の「小楠公」を借りた。十番まであるので、最初に作られた原詞を全て紹介する。詞は後に唄い替えられており、それを（　）内に記した。

一　万朶の桜か襟の色　花は隅田（吉野）に嵐吹く
大和男子《やまとおのこ》と生まれなば　散兵線の花と散れ

二　尺余の銃《つつ》は武器ならず　寸余の剣《つるぎ》何かせん
知らずやここに二千年　鍛え鍛えし武士の魂（大和魂）

三　軍旗を守る聯隊（武士《もののふ》）は　すべてその数二十万
七十（八十）余ヵ所に屯して　武装は解かじ夢にだも

四　千里東西波越えて　われに仇なす国あらば
横須賀（港を）出でん輸送船　しばし守れや海の人

五　敵地に一歩われ踏めば　軍の主兵はここにあり
軍の主兵はここにあり（最後の決はわが任ぞ）騎兵砲兵任につけ（協同せよ）

六　アルプス山を踏破せし　歴史は古く雪白し
奉天戦の活動は　日本歩兵の粋と知れ

七　携帯口糧あるならば　輜重はいらず（遠く離れて）三日四日
曠野千里にわたるとも　散兵線に秩序あり

八　退く戦術われ知らず　見よや歩兵の操典を
前進々々また前進　肉弾とどくところまで

九　わが一軍の勝敗は　突喊最後の数分時
歩兵の威力はここなるぞ　花散れ勇め時はいま

十　あな勇ましき我が兵科　会心の友よ来たれいざ
共に語らん百日祭　酒盃に襟の色うつし

原詞は中幼の百日祭で発表されたので隅田、横須賀などの地名が記されたが、全国の歩兵が唄うようになって変えられていった。現在は（　）の方が唄われている。また、十番は百日祭を行なう幼年校や陸士では唄われたが、一般の部隊では次のように唄い替えられた。

十　歩兵の本領ここにあり　あな勇ましのわが兵科
　　会心の友よいざさらば　ともに励まん我が任務

この歌を「歩兵の本領」というのはここから来ている。だが、これも部隊や時代によって少しずつ変化があり、決定版はないようである。

意味を説明しておこう。

昭和十五年まで陸軍の大佐以下の将兵は色のついた襟章を付け、兵科を表わしていた。歩兵は赤であり、それを桜の花に見立てたのが一番である。赤の襟章に「1」の金文字がついていれば、歩兵第一聯隊であり、帽章の星に月桂樹が施されていれば近衛歩兵第一聯隊の所属ということになる。将官には襟章はない。現在の自衛隊でも歩兵を意味する普通科のマフラーは赤である。

散兵線とは兵を数メートル、あるいは十数メートルごとに配置して、防衛戦を築くもので、「散兵戦」と書かれているものもあるが、この場合は「散兵線」が正しい。

三番の兵数や駐屯地数は明治四十四年時点の歩兵の総数と聯隊数を表わしている。六番はナポレオンのアルプス越えと明治三十八年三月十日の日露戦争における奉天大会戦を指している。

歩兵の操典は「歩兵操典」のことで、明治七年に出された歩兵の運用に関するマニュアル本である。終戦まで、おおむね数年ごとに改訂された。ただ、詞にあるように「前進々々また前進」などと書かれていたわけではない。

一番の「酒盃に襟の色うつし」は明治三十五年に発表された一高東寮寮歌「嗚呼玉杯に花うけて」の一番二聯「緑酒に月の影やどし」を参考にしているとも思える。

現在の自衛隊も歌詞を替えて、「普通科の本領」として唄っている。また、防衛大学校や陸上自衛隊高等工科学校（旧少年工科学校）では隊歌演習として、旧軍の「歩兵の本領」を行進中に唄っている。

明治七年にわずか五個聯隊で発足した歩兵聯隊は昭和二十年の終戦時には五百二十四個聯隊にまで拡大した。

騎兵の歌

陸軍においては主要兵科を歩騎《ほき》砲工《ほうこう》という。歩兵、騎兵、砲兵、工兵のことである。陸上自衛隊では普《ふ》特機《とっき》という。普通科（歩兵）、特科（砲兵）、機甲（戦車兵）のことである。

騎兵は歩兵とともに聯隊旗を授与された兵科である。いうまでもなく軍馬に乗り、歩兵に率先して敵中央を突破して分断し、壊乱することが主目的である。と同時に機動力を生かして偵察の任も帯びる。

しかし、時代の趨勢に合わなくなり、昭和十五年、内地の近衛騎兵聯隊と支那の一部騎兵旅団を残して廃止され、捜索聯隊に改編されて軽戦車に乗るようになった。

騎兵の歌の作詞は陸士四十九期の柳川清成、作曲は同期の坂口真一郎である。作られたのは四十九期が陸士本科にいたときなので、昭和十年九月から十二年六月の間であろう。五番まで紹介するが、一番と五番は同じ譜だが、二、三、四番は譜が異なるという大変珍しい曲である。

一　来たれ我が友血に燃ゆる　胸の響きに言づてん
　緑に映ゆる襟の色　ああ憧れのグルメット
二　曠野に躍る我が夢は　蹄の響きに勇むかな
　銀翼空を駆けるとも　われに千里の駿馬あり
三　欧亜の天地蹂躙の　史上の華を今にして
　見よ漠々の原頭に　馬おどらせる秋《とき》来たる
四　妖雲西に向伏《むかぶ》して　赤鬼いななく北海の
　ウラル颪の声近く　吹くや扶揺の征露曲
五　興安嶺の日の御旗　長駆進めんモスコー府
　コザックいかに驕るとも　わが鎧袖の一触ぞ

ロシア(ソ連)のコザック騎兵を強く意識している。外征軍としての陸軍が騎兵を持つ意味は、支那や南方作戦ではなく、当時世界一と謳われたロシアのコザック騎兵と満洲やシベリアでどう対抗するかであったから、当然といえば当然であろう。

騎兵の襟章の色は緑である。グルメットはくつわのこと。欧亜の天地蹂躙とは、一八七〇年の普仏戦争におけるプロシャのブレドー騎兵旅団の活躍を意識している。興安嶺を越えてモスクワまで攻め込もうというのであるから、まことに気宇壮大である。作詞の柳川は佐賀県出身、東幼三十四期、盛岡の騎兵二十三聯隊で任官、少佐ながら戦車十三聯隊長として北京で終戦を迎え、邦人保護をしながら復員した。

作曲の坂口は宮崎県出身、騎兵ではなく砲兵で終戦時は少佐、福岡の航空補給廠長であった。

現在、この複雑な騎兵の歌を唄える者は極めて少なく、インターネットで聞くことのできる曲は各節が等しい別の曲である。

砲兵の歌

砲兵は山砲、野砲、要塞砲、高射砲（防空兵）などに分類されるが、まずは全砲兵共通の砲兵の歌をみてみよう。六番まであるが、一、二、三、五、六番を紹介する。

一　襟には栄《は》ゆる山吹色に　軍の骨幹誇りも高き
　　われらは砲兵皇国《みくに》の護り

二　疾風電撃天地を揺りて　赫々《かくかく》戦勝基《もとい》を拓《ひら》く

われらは砲兵皇国の護り

三　興安嶺下暗雲低し　払えよ辺境堅塁砕き
われらは砲兵皇国の護り

五　大空一碧《たいくういっぺき》備えは固し　制空普《あまね》く意気天を衝く
われらは砲兵皇国の護り

六　大和魂弾丸《たま》にこめて　撃てよ世界の夜明けの空に
われらは歩兵皇国の護り

作詞は陸士四十一期の平櫛孝、作曲は陸軍戸山学校軍楽隊。砲兵の襟章は山吹色である。平櫛は広島県出身、広幼二十六期、昭和四年に任官、同十八年に陸大専科十一期を卒業、十九年にサイパンの第四十三師団参謀として赴任し、米軍上陸後、単独で投降し、捕虜となった。

騎兵の歌にも砲兵の歌にも興安嶺が出てくる。興安嶺は北支から満洲に連なるのが大興安嶺山脈、越えれば蒙古、ソ連。満洲北部に横たわるのが小興安嶺山脈、越せばソ連である。当時の日本軍がソ連の脅威をひしひしと感じ、ソ連との境界を日本の生命線と感じていたかが分かるし、軍人たちはその生命線を守ることを第一の使命としていたのである。

陸自の特科は野戦特科と高射特科に分かれる。野特は旧軍の野砲兵、高特は戦前の防空兵のことである。

野砲兵の歌

野砲兵の歌を見てみよう。野砲には榴弾砲と加農（カノン）砲の二種類があるが、現在の自衛隊は榴弾砲だけである。五番まであるが二番まで紹介する。

一　白皚々《がいがい》の雪の中　色も床《ゆか》しき山吹の
花一輪をかざしつつ　閉鎖機とれば忽《たちま》ちに
鉄腕白く骨凍る　聞かずや猛く熊吼《ほ》ゆる
石狩河畔の砲声を

二　帝都の人は夢緑　不如帰《ふにょき》の叫び声絶えぬ
蝦夷は紫山清く　砲車に滴る花の露
雫は袖に香を残す　聞かずや芳風忍びやか
石狩河畔の砲声を

皚々とは雪や霜が一面、白いようすをいう。山吹色は砲兵の襟章の色である。閉鎖機は大砲に砲弾を込めて閉じる蓋のこと。大砲の音を熊の咆哮に喩えている。石狩河畔の演習であるから、野砲兵第七聯隊のようすを詞にしたと分かる。したがって北海道に赴任した砲兵でなければ作れない。

作詞は『雄叫』によると玉井成雄。『雄叫』には玉井を中幼五期で旭川の野砲兵第七聯隊の士官候補生だったときに作詞して「思い出草」に発表したとなっているが、玉井は大阪地幼六期、中幼六期、陸士二十一期の歩兵である。しかも任官の翌年、停職になっており、大正十一年時点、朝鮮で警察官になっていて、同年、抗日ゲリラに殺されている。したがって、玉井を作詞者とするには無理がある。だが、中幼五期で野砲兵第七聯隊で任官した者は見当たらない。作詞者不詳とせざるを得ない。

曲は当初、「星落秋風五丈原」を借りたが、後に「ブレドー旅団の襲撃」の曲で唄われるようになった。

要塞砲兵の歌

要塞砲兵は明治初年、日本本土への敵の侵攻に備えて、離島や沿岸部に二十八サンチの大型砲を設置したのが始まりで、その嚆矢は徳川幕府による江戸湾のお台場である。日露戦争ではこのお台場などの二十八サンチ砲を外して旅順に運び、旅順港を砲撃してロシア艦隊を壊滅させたことはよく知られる。しかし、時代の要請がなくなり、明治末に廃止された。ところが、大東亜戦争開戦直前、敵の侵攻に備えて、要塞重砲兵として復活した。かつての要塞砲兵と同じく、宗谷、津軽、東京、由良、舞鶴、下関、壱岐、対馬、それに朝鮮の釜山、麗水などである。十二番まであるが、六番までを紹介する。

一　崩る潮《しお》の渦巻きて　水路遙けき太平洋
　　西に浮かべる列島は　東亜の地をば守らんと
　　二千余歳の功《いさおし》を　載せて麗し花彩国

二　海の城ちょう艨艟《もうどう》も　守るに長し我がほとり
　　ただ固めたる要塞に　健児睨んで立てるあり
　　鯨頭われに何かある　鯨尾いかでか振えんや

三　桃源の夢さめし時　殊勝や長の武士は
　　迷える民を警《いまし》めし　砲の響きに外邦《とつくに》の
　　聯合艦隊撃破しぬ　由来わが眼に敵もなし

四　また君見ずや魔城下《げいじょう》　英船の胆《きも》ひしぎ取り
　　錨奪いしことあるも　子平の身にはあらずとも
　　民は得知しらぬ海防と　わが帝国の保全をば

五　そは改新の一逕路　今や精《くわ》しき砲はあり
　　国の礎打ち据えて　固き台《うてな》の十余ヵ所
　　たまたま時は移り来て　遠征もせし攻城隊

六　攻城砲の猛き威に　骸《むくろ》となりて旅順口
　　日の旗代えて固めなん　難攻不落の砦をば
　　虎狼かくして黙すべく　渤海の権われにあり

名曲である。城ちょうとは城という、という意味。艨艟は大船団のこと、鯨頭、鯨尾は敵艦のこと。桃源の夢は鎖国による太平のこと、長の武士以下は長州藩が四国艦隊と馬関戦争を戦ったことを指す。麑城は鹿児島の鶴丸城で、薩英戦争を唄う。子平は『海国兵談』を書いた林子平。改新とは明治維新、攻城隊は旅順攻撃のことを指している。虎狼はロシアのこと。

この歌は明治三十九年、中幼五期の『わすれな草』に発表されるや評判を呼び、広く一般にも唄われた。作詞は石井洵、作曲は須磨学之。

石井は中幼予科五期から中幼五期をへて陸士二十期、明治四十一年、甲府の歩兵第四十九聯隊で少尉任官、中隊長などを務め、大正十一年に大尉で軍籍を離れた。

同期の須磨は広幼、中幼、陸士と進み、昭和十年、京都・伏見の工兵第十聯隊長を務め、同十四年、姫路の留守第十師団付で大佐で待命となった。

防空兵の歌

防空兵は聞き慣れないことばであろう。飛来する敵機を迎撃する高射砲兵のことである。海軍では高角砲という。現在の陸上自衛隊では敵機だけではなく、ミサイルをも迎撃する高射特科と呼ばれ、特科（砲兵）のひとつとして区分されている。

兵科として独立したのは昭和十五年以降である。十四番まであるが、一番と三番を紹介する。

一　人智の潮蒼穹《うしおそうきゅう》の　神秘を衝きて天翔《あまか》ける
　翼に挑み撃滅の　意気火と燃ゆる高射砲
三　彼大空の鷲なれば　我地に潜む龍なれや
　ああ空と地と壮絶の　血戦のとき至りたり

　蒼穹は青い大空のこと。昭和十九年から始まった米軍の本土空襲に対し、火を吐く防空兵の姿が彷彿とする。作詞は茨城県出身、陸士五十六期の根本準、作曲は陸軍戸山学校軍楽隊。五十六期は昭和十七年十二月の卒業なので、そのころに作られたのであろう。根本は戦車第二師団防空隊で任官、千葉の高射学校付で、大尉で終戦を迎えた。同所には現在、陸上自衛隊高射学校がある。

航空兵の歌（ロッキー山）

　航空兵が独立したのは大正十五年。「航空兵の歌」は知られているだけで三つあるが、最も有名なのが「ロッキー山」である。作詞は熊本県出身で熊幼二十五期、陸士四十期の筑紫二郎。ペンネームのようだが本名である。曲は明治四十三年の一高柔道部歌「時乾坤《けんこん》のうつろいに」を借りた。筑紫は終戦を航空本部員で迎えた。陸軍中佐。四番まであるので、すべて紹介する。

一　ロッキー山やアルプスの　雪の嶺々見下ろして
　操縦桿をあやつれば　エンジンの音懐かしく
　心も躍る雲の上　ああ壮なるや航空兵

二　死線を越えて限りなく　青空高く君と吾
　何の恨みのあるものぞ　命ささげて靖国の
　祀《まつ》りの神となるものを　ああ快なるや航空兵

三　東雲《しののめ》の空あかきころ　まどけき夢の巣を立てば
　銀の帯せる多摩川や　緑に萌ゆる習志野は
　いと安らけき眠りにて　ああ壮なるや航空兵

四　翼つらねて勇ましく　大和男子《おのこ》の離れ業
　横転逆転宙返り　光る姿のサルムソン
　しばし雲間に隠見す　ああ快なるや航空兵

北米のロッキー山、ヨーロッパのアルプスから始まる気宇壮大な詞、曲も軽快で、航空兵以外にも広く愛唱された。サルムソンはフランス製の複葉機の名称である。歌詞の飛行機は千葉県下志津の陸軍飛行学校を離陸したのであろう。

航空兵の歌（鵬搏《ほうばく》一挙）

「鵬搏一挙」の作詞は広幼二十五期、陸士四十期、陸大専科九期、山口県出身の山崎武治である。終戦を第二十五飛行団長、中佐で迎えた。

作曲は不明。八番まであるが、二番までを紹介する。

一　鵬搏一挙九万里　南溟の淵極むべき
　　古人の祈り成らんとす　我らが意気とその腕に

二　溌剌《はつらつ》呱々《ここ》の声挙げて　齢《よわい》ぞ今や二十年
　　文明利器の覇を握る　追従誰かよくすべき

鵬《おおとり》が一回羽ばたけば九万里を飛ぶという、これまた気宇壮大な歌い出しである。南溟は南の大海原のこと。二十年は明治四十年の交通兵旅団の創設からの年月を指している。

航空兵の歌（バシーの南）

三番目は「バシーの南」である。作詞は栃木県出身、陸士四十期の宇佐神正捷。宇佐神は昭和十九年二月、満洲・杏樹の飛行第三十二戦隊長の時に殉職し、戦死扱いとなった。戦死中佐。作曲は不明。七番まであるが、一番、三番を紹介する。

一　バシーの南波騒ぎ　妖雲北に動く時
征空の意気勇ましく　若き雛《ひひな》の初巣立
紺碧の空仰ぎつつ　羽搏き高く飛ばんとす

三　思い出深き下志津の　コバルトの空懐かしや
銀翼初夏の陽に光り　エンジン高く響く時
西に聳ゆる富士の嶺　東にさかまく太平洋

バシーは台湾とフィリピンの間のバシー海峡のこと。以上三曲の作詞者はいずれも陸士四十期。彼らは大正十五年に陸士に入校し、発足したばかりの航空兵科の一期生となった。したがってこの三曲は大正十五年ごろに競って作られたのであろう。当時の陸軍航空の意気をよく示している。

飛行機節

「飛行機節」は『航空兵歌集』に掲載されているが、作詞者も作曲者も不明である。初期の航空兵の気概をよく表わしている。五番まであるが五番を紹介する。

五　夜間駆逐でリャントリャン　光芒目がけてリャントリャン

接敵攻撃クールクル　敵が見えぬでオーヤオヤ
爆音高く闇の空ヤッコラドウジャアラドウジャ　爆音高く闇の空リャンリャン

船舶工兵の歌

船舶工兵は船舶兵ともいい、暁《あかつき》部隊とも呼ばれた。陸軍でありながら、輸送船や上陸用舟艇などを持ち、運用を行なうのが主任務であった。「船舶隊の歌」ともいうが、作詞作曲とも不明。明るいメロディーで一般でも唄われた。五番まであるが三番まで紹介する。

一　暁映ゆる瀬戸の海　昇る朝日の島かげに
偲ぶ神武の御戦《みいくさ》や　五条の御勅諭《みこと》を畏みて
つわもの吾ら海の子が　水漬《みず》く屍と身を捧ぐ
ああ忠烈の船舶隊

二　伝統永し五十年　聖戦幾度海越えて
勲輝くわが部隊　出師《すいし》の任の重ければ
大命一下たちまちに　わが艨艟は波を蹴る
ああ勇壮の船舶隊

三　海浪風波荒るるとも　爆撃電撃繁くとも

ただ黙々と進み行く　奇襲に勇む鉄舟群
水際《みぎわ》に揚がる勝鬨や　上陸戦は我にあり
ああ壮烈の船舶隊

「伝統永し五十年」の歌詞からすると、作られたのは大東亜戦争開始ごろではないか。一番の「神武の御戦」は神武東征のこと。船舶工兵は終戦時、八万の将兵がいたという。

輜重《しちょう》兵の歌

輜重兵は、明治期は将校のみが軍人で、輜重輪卒と呼ばれる軍属（軍夫）が任務を行なっていた。輜重輪卒は二等兵の下とされたことから、「輜重輸卒が兵隊ならばチョウチョ・トンボも鳥のうち、電信柱に花が咲く」と揶揄《やゆ》された。しかし、昭和六年の満洲事変以降、輜重輪卒は輜重特務兵として軍人として認知され、同十二年には進級の道が開け、同十四年には正式に輜重兵として兵科の仲間入りをした。陸上自衛隊では需品科と輸送科に分かれている。作詞作曲ともに不明である。七番まであり、一、三、五、七番が同じ譜、二、四、六番は異なる譜である。一、二、五、六番を紹介する。

一　嗚呼《ああ》神州の空高く　聳ゆる芙蓉の揺ぎなき
国の干城《まもり》と集いたる　われに股肱の栄誉《ほまれ》あり

二　健軍遠き昔より　正義に刃向う敵もなく
　　意気軒昂の益荒男が　襟に輝く藍の色
五　進めや馬の口を取り　走れや転把《ハンドル》握りしめ
　　期せよ正義の皇軍《みいくさ》の　運命《さだめ》にかかる我が任務
六　彼の英雄の名を伝え　四《し》億《おく》の民の血に滲む
　　蜿蜒たりや長城の　砂塵に高し我が武勲

輜重兵の襟章の色は藍色である。したがって、この歌が、輜重兵科が設けられた昭和十四年前後に作られた可能性が高い。

通信兵の歌

「通信兵の歌」も作詞作曲が不明である。通信兵は昭和に入って編成された兵科である。陸上自衛隊では通信科がある。五番まであるが、一番だけ紹介する。

一　怒濤さか巻くわだつみの　波のうねりの世の流れ
　　滔々たりや進軍の　響きに応ず我が兵科
　　空飛ぶ電波行く彼方　五大余洲を蔽うなり
　　われら意気高し通信兵

電波兵の歌

「電波兵の歌」の作詞者の米岡毅良は陸士四十五期、愛媛県出身、丸亀の歩兵第十二聯隊補充隊で任官、その後、第五十五師団の通信隊長などをして歩兵から航空兵に転科、終戦時は多摩技研で電波の研究をしていた。終戦時、陸軍少佐。作曲は「空の神兵」「水色のワルツ」などで知られる高木東六。電波兵という兵科があったわけではなく、電波を担当する兵の意味である。作られたのは昭和十九年ごろ。七番まであるが、一番だけ紹介する。

一　永久《とわ》に栄ゆる神の国　汚さむ醜《しこ》の撃攘に
　科学の粋を極めたる　電波兵器に一億の
　深き輿望《よぼう》を身に負いて　ああ栄光の電波兵

鉄道兵の歌

日清戦争後、補給確保の反省から、工兵の一部として鉄道兵が設けられ、日露戦争後に聯隊を組織した。正式な兵科の歌はないが、戯れ歌が残っている。作られたのは明治末期。作詞は不明。曲は「歩兵の本領」と同じである。七番まであるが、一、二、三、七番を紹介する。

一　シグナル急に下がっては　どこを押すやら引くのやら
　　機関車内で大騒ぎ　それでも汽車は止らない
二　土方のくせに出しゃばって　鉄道院の真似をする
　　赤と青とを間違って　新聞種を作るなよ
三　軍刀片手に突っ張って　カイゼル髭をひねりつつ
　　二等列車に傲然と　ロハ乗りをする鉄道隊
七　歩兵も騎兵も砲兵も　立派な死に場所持っている
　　鉄道往生するよりも　死ぬところない交通兵

これ以外の兵科では憲兵があるが、「憲兵の歌」は確認できない。また、兵科とは別に経理部、衛生部、軍医部、獣医部、軍楽部、法務部があった。兵科は昭和十五年に憲兵を除いて廃止されたが、兵種は存続した。兵科と兵種の違いは名称と実態といえばいいであろうか。

第六章　日清・日露戦役の歌

日清戦争、日露戦争の際に唄われた歌を紹介していこう。これまで紹介した歌はおおむね軍歌であるが、これから紹介する歌は戦時歌謡（軍国歌謡）である。したがって、軍人ではなく、一般の人々を対象に作られたものであり、原則として軍隊では唄うことが禁止された。

元寇

日清戦争は日本と清国が朝鮮の掌握を争った戦いといわれるが、日本としては南下を図るロシアを牽制するためにも、朝鮮を清国から切り離して独立させることが必要だった。しかし、朝鮮は独立できる能力がなく、清国は依然として主権を主張したことから、明治二十七年年七月、戦端の火蓋が切られた。

その三年前、日本に寄港した清国北洋艦隊の無礼を見て、清国との戦争を意識して作られたのが、「元寇」である。元寇は十三世紀の事件だが、当時「敵国降伏」の揮毫をされた亀山天皇の銅像が博多に建立されるなど、反清感情が高揚する時代背景があった。作詞作曲とも陸軍軍楽隊の楽長であった永井建子。明治二十五年四月の『音楽雑誌』に発表されるや爆発的ヒットとなった。四番まですべて紹介する。

一　四百余州《しひゃくよしゅう》を挙《こぞ》る　十万余騎の敵
国難ここにみる　弘安四年夏のころ
なんぞ怖れん我に　鎌倉男子《だんじ》あり
正義武断の名　一喝して世に示す

二　多々良《たたら》浜辺の戎夷《えみし》　そは何蒙古勢
傲慢無礼もの　倶《とも》に天を戴かず
いでや進みて忠義に　鍛えし我がかいな
ここぞ国のため　日本刀を試しみん

三　こころ筑紫の海に　浪おし分けて往《ゆ》く
ますらお猛夫《たけお》の身　仇《あだ》を討ち還らずば
死して護国の鬼と　誓いし箱崎の
神ぞ知ろし召す　大和魂《やまとだま》いさぎよし

四　天は怒りて海は　逆巻く大浪に
国に仇をなす　十万余の蒙古勢は

底の藻屑と消えて　残るはただ三人《みたり》
いつしか雲はれて　玄界灘月清し

蒙古襲来は文永十一（一二七四）年と弘安四（一二八一）年の二回にわたったが、これは高麗軍をともなった二回目の襲来を歌っている。四百余州は支那全土の州の数。福岡市の筥《はこ》崎《ざき》神宮には亀山天皇の「敵国降伏」の扁額がいまも掲げられている。

勇猛かつ軽快な名曲で、支那の横暴がアジアを蝕んでいるいま、それを意識して唄われることもある。

日清談判

「日清談判」は日本と清国の協議が決裂して戦争が始まることと想定して作られたものである。当時は協議のことを談判といった。明治二十二年、若宮万次郎作詞作曲となっているが、曲は当時のわらべ歌をアレンジしたらしい。

若宮は慶応二年、名古屋の神職の家に生まれ、上京して俳優として川上音二郎一座などで活躍した。この歌は日清戦争時に大流行し、その替え歌は日露戦争でも唄われ、昭和後期になっても口ずさむ人がいたほどの人気であった。別名を欣舞《きんぶ》節《ぶし》という。全文を紹介する。

日清談判破裂して　品川乗り出す吾妻《あづま》艦

つづいて金剛浪速艦《こんごうなにわ》　国旗堂々ひるがえし
西郷死するも彼がため　大久保殺すも彼がため
遺恨《うらみ》重なるチャンチャン坊主　日本男子の村田銃
剣の切っさき味わえと　わが兵各地に進撃す
難なく支那兵切り倒し　万里の長城乗っ取って
一里半行きゃ北京城よ
城下の盟《ちか》いを結ぶ　実に満足慶賀の至り
欣舞欣舞愉快愉快大勝利

吾妻、金剛、浪速は当時の軍艦。海上自衛隊のイージス艦に「こんごう」がある。西郷隆盛の死も、大久保利通の死も、支那に遠因があるとしている。村田銃は村田経芳《つねよし》が開発した日本初の国産銃である。村田は薩摩藩出身、戊辰戦争で活躍した後、フランスに留学、帰国後、村田銃を開発した。それまでは米英から中古品を高く買わされていたのである。後に陸軍少将、貴族院議員、男爵。大正十年没。

城下の盟いとは、『春秋左氏伝』が出典で、敵に城下まで攻め込まれて屈辱的な降伏をさせられることをいう。ここでは日本軍が北京城まで攻め込んで清国を降伏させることを指している。

月下の陣

日清開戦の前年の明治二十六年、国民の士気を高めるために作られたのが「月下の陣」である。作詞は永井建子、曲はイタリアの作曲家ヴィレチェンツォ・ベッリーニが作曲したオペラ「ノルマ」の主題歌を永井がアレンジした。「ノルマ」は一八三一年にイタリア・ミラノのスカラ座で初演されている。三番まですべて紹介する。

一　宵の篝火《かがりび》影失せて　木枯し吹くや霜白く
夜は更け沈む曠野原《ひろのはら》　駒も蹄をくつろげつ
音なく冴ゆる冬の月　楯を褥《しとね》のもののふは
明日をも知らで草枕　夢は何処をめぐるらん

二　昼の戦い烈しさに　当たるを得手《えて》と斬りまくり
思うがままの手柄して　今宵はここに宿り木の
身はまだ解かぬ鎧下　上ゆく雁に夢破れ
そぞろに見るや故郷《ふるさと》の　雲井はるかに懸る月

三　国を思えば雄心《おごころ》に　家は忘れて魂きわる

ただ身ひとつを亡き数に　入《い》る峡《さ》の山の月影を
水に掬《むす》びて明日はまた　刀の目釘つづくまで
腕によりをば懸け襷　花々しくぞ戦わん

華々しい合戦を終えた武者の境地を歌ったもので、正式な軍歌ではないが、民間はもちろん、幼年学校などでも唄われた。

月下の陣（霜は軍営に）

「月下の陣」はもう一曲ある。同じく二十六年の永井の作詞作曲である。上記の「月下の陣」に対して「霜は軍営に」ともいわれる。七番まであるが二番まで紹介する。

一　霜は軍営に満ちて　秋気清しと詠じける
　　昔のことの偲ばるる　月の光のさやけさよ
二　遠き山々近き川　千里の果ても一色に
　　隈なく晴れて影もなし　隈なく晴れて影もなし

上杉謙信の七言絶句「九月十三夜」の首連から書き出す詞だが、前記の「月下の陣」ほどにははやらなかった。

平壌の戦い

日清両国は朝鮮の独立（支配権）をめぐって戦端を開くに至った。主舞台は朝鮮半島であった。明治二十七年八月一日の宣戦布告後の日清両陸軍の本格的な戦闘は九月の平壌の戦いであろう。その名の通りの「平壌の戦い」が発表されたのは翌二十八年十月の『大東軍歌・花の巻』でである。作詞は第三師団野砲兵第三聯隊所属の西垣佐太郎、作曲は元橋義毅。十一番まであるが一、二、九、十一番を紹介する。

一　見るは今宵と昔より　言いにし三五の夜半の月
　　明日は捨てんと思う躰《み》は　実《げ》にや今宵を限りにて
　　心にかかる雲もなく　唐土《もろこし》掛けて澄む影を
　　高麗《こま》の荒野《あれの》に駒止めて　見渡す空の面白や

二　隅田の川にあらねども　さやけき水の大同江《だいどうこう》
　　待乳《まっち》の山にあらねども　ひとむら高き牡丹台《ぼたんだい》
　　白き波間に浮く影は　流れに渡す船の橋
　　小暗き森の木末《こずえ》にぞ　見ゆるは敵の旗ならん

九　一塁摧《くだ》け二塁落ち　根城と頼む牡丹台
　　憐れとも見よ白旗は　烟の上に閃けり

されども残る乙密台《おつみつだい》　さすがに堅き玄武門
高き城塁を楯として　打ち出す丸《たま》の隙もなし

十一
さしもに深き大同江　流るる水の色赤く
さしもに広き平壌府　死屍《しかばね》ならぬ隈もなし
砲煙弾雨収まりて　晴れゆく空の夕日影
匂う御旗の日の丸の　光ぞ四方に輝かん

「三五」とはかけ算で十五夜のこと、「高麗」と「駒」はしゃれ。「隅田の川にあらねども」は大同江が澄んでいず、濁っているという意味。「待乳の山」は東京・浅草の小山の名前。牡丹台、乙密台は平壌の小山。「玄武門」は平壌城の北の門である。

日本軍は名古屋の第三師団（師団長、桂太郎）、広島の第五師団（師団長、野津道貫）をもって第一軍（軍司令官、山県有朋）を編成した。

八月十四日に平壌を包囲、翌日未明から総攻撃を開始した。清国兵は頑強に抵抗したが、十六日には白旗を掲げて降伏、一部は逃走した。

この歌は日清戦争後、陸海軍の礼式歌としても演奏された。

喇叭《らっぱ》の響

明治二十七年七月末、京城の南約七十五キロの牙山《がざん》に清国兵約二千五百が上陸したことから、大島圭介駐韓公使は陸軍に掃討を要請、大島義昌少将を長とする混成第九旅団は安城河の渡しを通って成歓《せいかん》・牙山を攻撃した。これを成歓・牙山の戦いという。

このとき、歩兵二十一聯隊は猛烈な反撃を受け、第十二中隊長松崎直臣大尉は戦死、ラッパ手であった木口小平二等卒も戦死した。木口は進軍ラッパを吹いていたが、戦死したにもかかわらず、ラッパを口から離さなかったことから美談とされ、作られたのが「喇叭の響」である。当時、広島にあった大本営の楽手、加藤（菊間）義清が作詞、同僚の荻野理喜治が作曲した。

この話は戦前の修身の教科書に載り、歌も広く唄われた。八番まであるが七番まで紹介する。

一　渡るに易《やす》き安城の　名は徒《いたず》らのものなるか
　　敵の撃ち出す弾丸に　波は怒りて水騒ぎ

二　沸き立ち返る紅《くれない》の　血潮のほかに道もなく
　　先鋒たりしわが軍の　苦戦のほどぞ知られける

三　このとき一人の喇叭手は　取り佩《は》く太刀の束の間も
　　進め進めと吹きしきる　進軍喇叭のすさまじさ

四　その音忽《たちま》ち打ち絶えて　再び幽《かす》かに聞こえたり
　　打ち絶えたりしは何故ぞ　かすかになりしは何故ぞ

五　打ち絶えたりしその時は　弾丸のんどを貫けり
　　かすかになりしその時は　熱血気管に溢れたり
六　弾丸のんどを貫けど　熱血気管に溢るれど
　　喇叭は放たず握りつつ　左手に杖つく村田銃
七　玉とその身は砕けても　霊魂天地を駈けめぐり
　　なお敵軍を破るらむ　あな勇ましの喇叭手よ

婦人従軍歌

日本軍の猛攻に清国軍は牙山から成歓に後退、日本軍は圧勝した。従軍看護婦が登場したのも日清戦争が初めてである。明治二十七年夏、東京・新橋駅から日本赤十字社の看護婦が出征した。この健気さを新聞が大きく報ずることとなり、「婦人従軍歌」が生まれた。「喇叭の響」の加藤義清が作詞し、華族女学校（後の女子学習院）教官の奥好義《よしいさ》が曲をつけた。六番まですべて紹介する。

一　火筒《ほづつ》の響き遠ざかる　跡には虫も声立てず
　　吹き立つ風は腥《なまぐさ》く　くれない染めし草の色
二　わきて凄きは敵味方　帽子飛び去り袖ちぎれ

三　斃れし人の顔色は　野辺の草葉にさも似たり
やがて十字の旗を立て　天幕《てんと》を指して荷《にな》い行く
天幕に待つは日の本の　仁と愛とに富む婦人

四　真白に細き手を伸べて　流れる血潮洗い去り
まくや繃帯白妙《しろたえ》の　衣の袖はあけにそみ

五　味方の兵の上のみか　言《こと》も通わぬあだまでも
いとねんごろに看護する　心の色は赤十字

六　あな勇ましや文明の　母という名を負い持ちて
いとねんごろに看護する　心の色は赤十字

この歌は皇后陛下（昭憲皇太后）が野戦病院の看護婦にお教えになり、広く一般でも唄われるようになった。

日清戦争から大東亜戦争までの従軍看護婦は総数三万五千人を超え、このうち二千人近くが殉職したと伝えられる。熊本県護国神社に従軍看護婦の慰霊碑がある。

露営の夢

「露営の夢」は永井建子の作詞作曲。大山巌を司令官とする第二軍が明治二十七年十一月、土城子《どじょうし》から旅順を攻撃する様子を歌ったという。四番まであるが二番までを紹介する。

一　露営の夢を土城子に　結びも敢えず夜の霜
　解けかかりたる革帯を　締め直しつつ立ち上がり
　明け残りたる月影に　前を望めば水師営
　砲塁高く山々を　連ねて待てる旅順兵
二　待ちに待ちたるこの朝を　二十一日この朝を
　最後となして我が進む　砲弾雨注のその中を
　硝烟地雷のその中を　縦横無下に駈けめぐり
　突貫なせば忽ちに　難なく落つる敵の塁

日露戦争では激戦となった旅順攻略であるが、日清戦争では清国軍の士気はきわめて低く、わずか一日で陥落した。日本側の戦死者四十人、清国側の戦死者四千五百余人という。

雪の進軍

遼東半島を攻略した日本軍は渤海をはさんで向き合う山東半島に上陸、威海衛攻略に乗り出した。時は明治二十八年一月、厳寒である。寒さに慣れない日本軍将兵は凍傷と戦いながら清国兵を追撃した。

攻略軍である第二軍司令官は大山巌大将。同軍軍楽隊員として従軍していた永井建子が、この状況を見て、戦後作詞作曲したのが「雪の進軍」である。四番まですべて紹介する。

一　雪の進軍氷を踏んで　どれが川やら道さえ知れず
馬は斃れる捨てても置けず　ここは何所《いずこ》ぞみな敵の国
ままよ大胆一服すれば　頼み少なや煙草が二本

二　焼かぬ乾物《ひもの》に半煮え飯に　なまじ命のあるそのうちは
耐《こら》えきれない寒さの焚火　煙いはずだよ生木が燻る
渋い顔して功名話「すい」というのは梅干ひとつ

三　着の身着のまま気楽な臥床《ふしど》　背嚢枕に外套被りゃ
背《せな》の温《ぬく》みで雪解けかかる　夜具の黍幹《きびがら》シッポリ濡れて
結びかねたる露営の夢を　月は冷たく顔覗きこむ

四　命捧げて出て来た身ゆえ　死ぬる覚悟で吶喊《とっかん》すれど
武運拙《つたな》く討死にせねば　義理に搦めた恤兵《じゅっぺい》真綿
そろりそろり首締めかかる　どうせ生きては還さぬつもり

口語調のくだけた歌詞で、現代まで広く唄われている。歌詞は厳寒の戦地を体験した者でないと作れないリアルさがある。

また、この時代は、軍は大らかで、後年なら反戦的ともとられかねない歌詞も許容された。

恤兵とは出征した兵士に送られる品物のことで、ここでは戦死をしないと、送られた真綿で首を締められる、と悲壮感を漂わせている。戦死しないことを「武運拙い」としているが、武運のある者は戦死するという感覚が現代とは異なる。

北白川能久《よしひさ》親王殿下

「北白川能久親王殿下」は日清戦争後、割譲を受けた台湾の平定のため出征された近衛師団長、北白川宮能久親王が台湾で戦病死されたことを悼んで作られた。

能久親王は伏見宮邦家親王の第九皇子で、輪王寺宮門跡、公現法親王《こうげんほっ》として、江戸・上野に住まわれたが、戊辰戦争で彰義隊にかつがれた。維新後は還俗して陸軍に入り、プロシャに留学、北白川宮家を嗣ぎ、二十八年一月、第四師団長から近衛師団長に就任、台湾へ赴いた。しかし、十月、台湾平定直前にマラリアに冒され、台南で薨去された。四十七歳。殿下は死の直前、大将に進み、国葬が営まれた。東京・北の丸公園にある国立近代美術館工芸館(旧近衛師団司令部)の前には殿下の銅像が立っている。

作詞の本居豊穎《とよけい》は天保五年生まれ、紀州藩国学者の出身で、本居宣長の義理の孫に当たる。東京帝大、國學院、東京女高師(現お茶の水女子大学)の講師を務め、大正二年没。「赤い靴」「七つの子」などの作曲で知られる本居長世は孫に当たる。

作曲の納所《なっしょ》弁次郎は慶応元年、幕臣の家に生まれ、学習院で音楽教師を務めた。「兎と亀」「おつきさま」「桃太郎」などの童謡の作曲者としても有名である。昭和十一年没。

三番まですべて紹介する。

一　踏む足灼くる夏の日も　つく息凍る冬の夜も
　　あわれ兵士ともろともに　進みましけん野に山に
二　思うも寒き冬の夜の　北しら川の水の月
　　清き御名《おんな》は世とともに　流れて高く仰ぐべし
三　台湾すでに平らぎて　帰る近衛の勝ちどきも
　　君いずこにか聞こし召す　ああ師団長宮殿下

能久親王の長男、恒久王は竹田宮家を創立され、陸士十五期を出たが、三十七歳で病死、少将、その子、恒徳王は陸士四十二期、中佐で終戦、その三男、恒和氏は日本オリンピック委員会（JOC）の委員長を務め、その子の恒泰氏は、評論家として活躍している。

豊島《ほうとう》の戦

日清戦争も日露戦争も宣戦布告の前から戦闘が開始されている。日清戦争においては豊島の戦いもそのひとつである。

明治二十七年七月十九日、日本は清国に対し五日間の猶予付最後通牒を突きつけたが、清国はこれを無視した。猶予が切れた二十五日、朝鮮京畿道の豊島沖にいた帝国海軍の巡洋艦

「吉野」「秋津洲《あきつしま》」「浪速」に向かって清国の巡洋艦「済遠」が発砲、三艦は反撃するとともに「済遠」とともにいた「広乙」を撃沈、さらに「済遠」の救援に来た「操江」も撃沈した。「済遠」は降伏したと見せかけて逃走。さらに百人の清国兵を乗せて朝鮮に向かっていた英船「高陞号《こうしょう》」が停船命令に従わなかったため、「浪速」が撃沈した。「浪速」の艦長は東郷平八郎大佐。これを豊島の戦いという。日本側の戦死傷者はゼロ。圧勝である。

「豊島の戦」の作詞は小中村義象《こなかむらよしかた》、作曲は納所弁次郎。この歌は明治二十七年十一月刊行の『大捷軍歌　第一編』に収められた。四番まであるが三番まで紹介する。

一　鶏の林に風立ちて　ゆききの雲の脚はやし
　　吉野浪速秋津洲　探る牙山の道すがら
　　七月二十有五日　あかつき深く立つ霧の
　　ほのかに見ゆる敵艦は　名に負う済遠広乙号

二　彼より撃ち出す弾丸に　怒るは人と神のみか
　　浪さえ荒ぶる豊島海　わが軍いかでかためらわん
　　互いに戦うほどもなく　逃ぐるやいずこ彼の二艦
　　追えども追えども散り散りに　行方も知らずなりにけり

三　忽ち見ゆる二艘のふね　牙山を指して急ぐなり
　　勝ちに乗りたる我がふねの　進み進みて取りまけば

白旗高くさし立てて　まずこそ降れ操江号
打ち出す我が砲一発に　高陞号は沈めたり

「鶏の林」は「鶏林」のことで、朝鮮の異称。「高陞号」は英船のため、英国輿論は一時激高したが、日本の行為は国際法上正当と認められ、東郷は賞賛された。宣戦布告はこの一週間後の八月一日である。

勇敢なる水兵

九月十七日に行なわれたのが黄海の戦いである。

日本は聯合艦隊旗艦「松島」以下八隻の軍艦を擁したが、清国は北洋艦隊旗艦「定遠」以下十三隻の軍艦を投入した。結果は日本の圧倒的な勝利で、以後、制海権は日本に帰し、戦争の帰趨を決めた。

この戦いで「松島」の乗組員、三浦虎次郎三等水兵（戦死後二等水兵）が重傷を負いつつ、「まだ『定遠』は沈みませんか」と副長の向山《むこうやま》慎吉少佐に尋ねた後、息を引き取ったエピソードが「時事新報」に報ぜられ、歌となったのが「勇敢なる水兵」である。作詞は佐佐木信綱、作曲は奥好義。八番まですべてを紹介する。

一　煙も見えず雲もなく　風も起こらず浪立たず

鏡の如き黄海は　曇りそめたり時の間に
二　空に知られぬいかづちか　浪にきらめく稲妻か
煙は空に立ちこめて　天《あま》つ日かげも色くらし
三　戦いいまやたけなわに　つとめつくせるますらおの
尊き血もて甲板は　から紅にかざられつ
四　弾丸《たま》の砕けの飛び散りて　数多《あまた》の傷を身におえど
そのたまの緒を勇気もて　繋ぎとめたる水兵は
五　間近く立てる副長を　痛むまなこに見とめけん
声を絞りて彼は問う（彼は叫びぬ声高に）「まだ沈まぬや定遠は」
六　副長の眼はうるおえり　されども声は勇ましく
「心安かれ定遠は　戦い難くなしはてき」
七　聞きえし彼は嬉しげに　最後の笑みを浮かべつつ
「いかでかたきを討てよ」と　云うほどもなく息たえぬ
八　「まだ沈まぬや定遠は」　此の言の葉は短きも
み国を思う国民の　胸にぞ長く記されむ

この歌は明治二十八年、『大捷軍歌　第三編』に全十番で発表されるや爆発的な人気を博した。佐佐木は昭和四年、八番までの形に書き換え、現在まで唱われている。

三浦は明治八年、佐賀県出身、戦死時、満十八歳であった。向山は安政三年、幕臣、一色氏の子として生まれ、向山黄村の養子となり、海兵五期を出て任官、日露戦争では舞鶴工廠長、佐世保工廠長を歴任、中将となり、男爵を授かった。

現実には「定遠」は沈まず戦闘不能に陥った。翌年二月、日本軍の陸上からの砲撃で大破し、鹵獲を避けるため自沈した。「松島」は大破した。

坂元少佐（赤城の奮戦）

「坂元少佐」は別名「赤城の奮戦」という。黄海の戦いで壮烈な戦死を遂げた坂元八郎太少佐を称えた歌である。

坂元は薩摩藩士の子として嘉永七年に生まれ、海兵五期を出て任官、英国出張、ロシア艦乗組、ロシア公使館付などをへて明治二十七年五月に「赤城」艦長となった。

九月に行なわれた黄海の戦いでは、軍令部長、樺山資紀が「西京丸」に座乗したが、清国艦は「西京丸」に集中攻撃をかけたため、わずか五百トンの砲艦「赤城」は「西京丸」を守って奮戦、坂元は壮烈な戦死を遂げた。「赤城」も大破したが「西京丸」は無事だった。

黄海海戦を描いた記録画。中央が旗艦「松島」、右奥に「定遠」「鎮遠」（川村清雄画）

作詞は佐佐木信綱、作曲は納所弁次郎。十番まであるが一、四、九番を紹介する。

一　煙か浪かはた雲か　遥かに見ゆるうす煙
海原遠く眺むれば　嬉しやまさに敵の艦
四　艦のなかにも赤城艦　艦は小さくかよわきも
鉄よりかたき心もて　士卒は艦を進むなり
九　かよわき艦を進めつつ　まされる艦と戦いて
はえあるいくさに艦長は　栄ある死をば遂げにけり

敷島艦

「敷島艦」は行進曲である。日清戦争が終わり、次の仮想敵はロシアとなって、海軍は軍備増強を図った。そこで建造されたのが「敷島」である。

明治三十年に竣工し、横須賀で見学に招かれた歌人の阪正臣《ばんまさおみ》が感動して作った詞に、瀬戸口藤吉が曲を付け、明治三十五年に発表した。「敷島艦行進曲」ともいう。軽快な曲である。

十一番まであるが一、二、三、七、九番を紹介する。

一　隧道《トンネル》つきて顕《あら》わるる　横須賀港《みなと》の深みどり

二　潮《うしお》に浮かぶ城郭は　名も芳しき敷島艦
大和の国の鎮めぞと　思えばそぞろ尊くて
広間の中に入りたてば　ただ宮殿の心地せり
三　ああ羨まし斯くばかり　みごと堅固の鉄のふね
我が家となして大洋を　自在に旅するますらおよ
七　まして戦争《たたかい》起こりなば　勇気日頃に百倍し
放つや大砲速射砲　向う敵艦みな微塵
九　嗚呼美事なる甲鉄艦　ああ堅固なる敷島艦
見れば心も爽やかに　乗れば気分も引き立ちぬ

海軍聯合艦隊（平時は常備艦隊という）の初代旗艦は日清戦争時の「松島」、二代目は日露戦争時の「三笠」。「敷島」は三代目の旗艦である。

瀬戸口は安政二年、薩摩藩士の子として生まれた。「軍艦」「愛国行進曲」などの作曲で知られ、「日本の行進曲の父」といわれた。

陸奥の吹雪

来るべき日露戦争に備えて、青森の歩兵第五聯隊第二大隊の二百十人の将兵が明治三十五年一月、八甲田山の耐寒雪中行軍を敢行した。しかし、零下二十度の悪天候に遭って百九十九人が死亡するという大惨事となってしまった。この事件は「八甲田山死の雪中行軍」といわれ、「八甲田山死の彷徨」として新田次郎の小説ともなり、映画化もされた。この事件を歌ったのが「陸奥の吹雪」である。

作詞は落合直文、作曲は好楽居士となっているが不明。十番まであるが一、二、三、十番を記す。

一　白雪深く降り積もる　八甲田山の麓原《ふもとばら》
吹くや喇叭の声までも　凍るばかりの朝風を
物ともせずに雄々しくも　進み出でたる一大隊

二　田茂木野村を後にして　踏みわけ登る八重の坂
雪はますます深くして　橇も動かぬ夕まぐれ
せんなくそこに露営せり　人は氷柱《つらら》の枕して

三　明くるを待ちて又さらに　前へ前へと進みしが
み空の景色もの凄く　たちまち日影かき暗し
行くも帰るも白雪の　はては道さえ失いぬ

十　ここの谷間に岩かげに　はかなく斃れしその人を
問いとぶらえばなまぐさき　風いたずらに吹き荒れて
憾みは深し白雪の　八甲田山の麓原

軍はこの事件を教訓として寒地作戦計画を立てた。歩兵第五聯隊は日露戦争において奥保《おくやす》鞏《かた》の第二軍第八師団に属し、明治三十八年一月、満洲の奉天近くの黒溝台でロシア軍と激戦、勝利した。八甲田山と同じ酷寒の中での戦闘であった。

落合はこの歌を作詞した翌年に四十二歳で病死している。

征露の歌

明治三十七年二月、日本とロシアは国交を断絶、戦端を開くに至った。このとき、一高記念祭で唄われたのが「征露の歌」である。曲は一高寮歌「アムール川の流血や」と同じ。ということは歴史的軍歌で紹介した「ホーヘンリンデンの夜襲」や陸軍兵科の歌で紹介した「歩兵の本領」と同じである。

作詞は一高生、青木得三。青木はその後、東京帝大法科を首席で卒業し、大蔵省に入省、主税局長を最後に退官、戦後は中大教授、千葉商大教授などを務めた。詞は勇壮で二十番まであるが、一～七番と十八、二十番を紹介する。

一　ウラルの彼方風荒れて　東に翔ける鷲一羽《ひとは》
　　渺々遠きシベリアも　はや時の間に飛び過ぎて

二　明治三十七の歳　黒雲乱れ月暗き

三　鶏林の北満洲に　声もの凄く叫ぶなり
　　ああ絶東の君子国　蒼浪ひたす一孤島
　　銀雪たかし芙蓉峰　紅英清し芳野山
四　これ時宗の生まれし地　これ秀吉の生まれし地
　　一千の児が父祖の国　光栄しるき日本国
五　荒鷲いまや南下しつ　八道の山あとに見て
　　大和島根を衝かんす　金色《きんしょく》の民鉾とれや
六　十年《とせ》の昔大丈夫《ますらお》が　血潮に染めし遼東の
　　山河あざむき奪いてし　ああその怨み忘れんや
七　北州の北熊吼ゆる　サガレンの島これ昔
　　わが神洲の領なるを　奪い去りしもまた彼ぞ
十八　ああ絶東の君子国　富士の高嶺の白雪や
　　芳野の春の桜花　光り示さんとき到る
二十　金色の民いざやいざ　大和民族いざやいざ
　　戦わんかな時機《とき》到る　戦わんかな時機到る

ロシアを鷲や熊に見立てている。鶏林とは前にも出たが朝鮮のこと。元寇を迎え撃った北条時宗、朝鮮出兵をした豊臣秀吉の名を挙げる。一千の児とは当時の一高生。八道は朝鮮の異称。平安道、咸鏡道、黄海道、京畿道、江原道、忠清道、全羅道、慶尚道の八道である。六番は三国干渉、七番の北州は北海道、サガレンは樺太を指している。そして日本人を金色の民としている。選民思想である。

広瀬中佐

「広瀬中佐」は日露戦争の旅順港閉塞作戦で戦死した海軍中佐、広瀬武夫を唄った。広瀬は慶応四年、豊後竹田に生まれ、海兵十五期を出て任官、ロシア武官などをへて三十七年三月の第二次閉塞作戦で閉塞船「福井丸」を指揮、部下の杉野孫七一等兵曹が行方不明になったことから「福井丸」に戻り、その後、敵弾を受けて戦死した。戦死中佐、軍神とされた。「広瀬中佐」は「神洲男子」で始まるものと、「一言一行」で始まるものと、「轟く砲音」で始まる大正元年に制定された文部省唱歌の三曲があるが、ここでは文部省唱歌を三番まですべて紹介する。この歌はいまなお唄い継がれている。

一　轟く砲音《つつおと》飛び来る弾丸　荒波洗うデッキの上で
闇を貫く中佐の叫び「杉野はいずこ杉野は居ずや」

二　船内隈なく尋ねる三たび　呼べど答えず探せど見えず
船は次第に波間に沈み　敵弾《たま》いよいよあたりに繁し

三　今はとボートに移れる中佐　飛び来る弾丸に忽ち失せて

旅順港外恨みぞ深き　軍神広瀬とその名残れど

杉野に関しては生存説があるが、確定していない。杉野の遺児二人はいずれも海兵に進み、ともに終戦時、海軍大佐。長男の修一は戦艦「長門」の艦長であった。

旅順陥落祝戦捷歌

「旅順陥落祝戦捷《せんしょう》歌」は旅順陥落を祝って作られた。陥落は明治三十八年元日であるが、その直後に作られたと思われる。作詞作曲は不明。十番まであるが五番まで紹介する。

一　祝えや祝え敵将降《くだ》りて　要塞落ちぬ一月一日　めでたきこの日
二　祝えや祝え世界の怖れし　ロシアの兵に遂に勝ちたり　日本男児
三　祝えや祝え難攻不落の　旅順の城に今日しも輝く　旭の御旗
四　祝えや祝え鋭き突撃　激しき爆破鉄壁奪いて　陸軍勝てり
五　祝えや祝え重砲うち出し　水雷放ち堅艦沈めて　海軍勝てり

当時の国民の感情をそのままに現わした素直な歌詞である。

橘中佐（上）

日露戦争における海軍の軍神が広瀬武夫中佐なら、陸軍の軍神は橘周太中佐である。

橘周太は慶応元年、長崎の庄屋の次男として生まれた。旧陸士九期を出て、青森の歩兵第五聯隊で任官、近衛歩兵第四聯隊に移った後、明治二十四年から四年間、皇太子殿下（のちの大正天皇）の御付武官を務めた。三十五年には少佐に進級して名古屋陸軍地方幼年学校長に就任した。

日露開戦後の三十七年八月、奥保鞏大将の第二軍隷下の静岡歩兵第三十四聯隊第一大隊長となった。

遼陽の会戦では右翼第一線で首山堡を攻撃、いったんは奪取したものの、逆襲を受けて八月三十一日、壮烈なる戦死を遂げた。関谷《せきや》銘次《かくじ》聯隊長も戦死している。

「橘中佐」は「上」「下」があり、曲が異なる。作詞は鍵谷徳三郎、作曲は安田俊高。「上」は十九番まであるが、一、二、三、四、十一、十二、十七、十八、十九番を紹介する。

一　遼陽城頭夜は闌《た》けて　有明け月の影すごく
　　霧立ちこもる高梁の　中なる塹壕声絶えて
　　目ざめがちなる敵兵の　胆おどろかす秋の風

二　わが精鋭の三軍を　邀撃《ようげき》せんと健気《けなげ》にも

思い定めし敵将が　集めし兵は二十万
防禦いたらぬ隈もなく　決戦すぞと聞こえたる
三　時は八月末つ方　わが籌略《ちゅうりゃく》は定まりて
総攻撃の命下り　三軍の意気天を衝く
敗残の将いかでかは　正義に敵する勇あらん
四「敵の陣地の中堅ぞ　まず首山堡を乗っ取れ」と
三十日の夜深く　前進命令たちまちに
下る三十四聯隊　橘大隊一線に
十一　名刀関の兼光が　鍔を砕きて銃丸は
腕を削りてさらにまた　つづいて打ち込む四つの弾丸《たま》
血煙さっと昇れども　隊長さらに驚かず
十二　厳然として立ち止まり　なおわが兵を励まして
「雌雄を決する時なるぞ　この地を敵に奪わるな
疾《と》く打ち払えこの敵」と　天にも響く下知の声
十七　寄せては返し又寄せる　敵の新手を幾たびか
打ち返ししも如何にせん　味方の残兵少なきに
中佐はさらに命ずらく「軍曹銃を執って立て」
十八　軍曹やがて立ち戻り「からくも敵は払えども

防ぎ守らん兵なくて　この地を占めんこと難し
後援来たるそれまで」と　中佐を負いて下りけり
十九　屍ふみ分け壕を飛び　刀を杖に岩を越え
ようやく下る折も折り　虚空を摩して一弾は
またも中佐の背を貫きて　内田の胸を破りけり

一、二番の三軍は全軍の意味。前衛軍、中堅軍、後衛軍、あるいは右翼軍、中堅軍、左翼軍のことで、現代の陸海空三軍ではない。詞は時系列に沿って作られている。必ずしも事実のままではないが、いかに激しい戦闘であったかが分かる。曲は長調で唄いやすく、石油会社のCMソングに使われるなど、現在でも一部で愛唱されている。

橘中佐（下）

それに対し「下」は短調で、悲惨さを強調する。十三番まであるが、一、三、四、五、六番を紹介する。

一　嗚呼々々悲惨惨の極　父子相抱《いだ》く姿にて
共に倒れし将と士が　山川震う勝鬨に

息吹き返し見かえれば　山上すでに敵の有《ゆう》

三　阿修羅の如き軍神の　風発叱咤いま絶えて
血に染む眼うち開き　日出ずる国の雲千里
千代田の宮を伏し拝み　中佐畏み奏すらく

四「周太が嘗て奉仕せし　儲《もう》けの君の畏くも
生まれ賜いし佳きこの日　逆襲受けて遺憾にも
将卒数多失いし　罪はいかでか逃がるべき

五　さはさりながら武士《もののふ》の　取り佩《は》く太刀は思うまま
敵の血汐に染めてけり　臣が武運はめでたくて
ただ今ここに戦死す」と　言々悲痛声凛々

六　中佐はさらに顧みて「我が戦況は今いかに
聯隊長は無事なるか」「首山堡すでに手に入りて
関谷大佐は討死」と　聞くも語るも血の涙

「儲けの君」は皇太子のこと。これ以外に、大正元年十二月に制定された文部省唱歌「橘中佐」がある。

戦友

日露戦争は明治三十八年、のちに陸軍記念日となる三月十日の奉天大会戦、同じく海軍記念日となる五月二十七日の日本海海戦の勝利によって帰趨が決まり、六月にアメリカのセオドア・ルーズベルト大統領の講和斡旋もあって、事実上終結した。ポーツマス条約が調印されるのは九月である。

戦争が終わってから作られた歌も多い。「戦友」もそうである。

作詞は真下飛泉《ましもひせん》。京都の小学校の訓導であったが、彼は同じく小学校の音楽教師で二歳年下の三善和気《みよしかずおき》とともに、日露開戦の直後、「出征」を作り、次いで「露営」を作った。戦後は出征した義兄の話をもとに「戦友」「負傷」「看護」「凱旋」「夕飯」「墓前」「慰問」「勲章」「実業」「村長」を作り、合わせて十二部作を世に出した。十二部は物語になっている。このなかで、「戦友」が関西を中心に歌われ始め、その後、全国に広がり、空前の大ヒットとなったのである。

真下は小学校長をへて大正十四年に京都市会議員となったが、翌年四十八歳で没した。三善は後に宝塚音楽学校のピアノ教師になり、昭和三十八年、八十三歳で亡くなった。

「戦友」は十四番まであるが、一、二、三、四、五、六、七、十二番を紹介する。

一　ここはお国を何百里　離れて遠き満洲の

二　赤い夕日に照らされて　戦友《とも》は野末の石の下

三　思えば悲し昨日まで　真ッ先駆けて突進し
　　敵を散々懲らしたる　勇士は此処《ここ》に眠れるか

四　ああ戦いの最中に　隣りにおったこの戦友の
　　俄かにハタと倒れしを　われは思わず駆け寄って

五　軍律厳しい中なれど　これが見捨てて置かりょうか
　　「確《しっか》りせよ」と抱き起こし　仮繃帯も弾丸《たま》のなか

六　折りから起こる突貫に　友はようよう顔あげて
　　「御国のためだかまわずに　遅れて呉れな」と目に涙

七　あとに心は残れども　残しちゃならぬこの身体《からだ》
　　「それじゃ行くよ」と別れたが　永の別れとなったのか

十二　戦いすんで日が暮れて　探しに戻る心では
　　「どうぞ生きて居て呉れよ　物なと言え」と願うたに

　　思いもよらず我ひとり　不思議に命ながらえて
　　赤い夕日の満洲に　友の塚穴掘ろうとは

戦友愛を唄ったこの歌は哀調を帯びた節で、それまでの勇ましい戦時歌謡とは異なっていた。軍隊内でも歌われたが、正式な軍歌ではなく、反戦的な雰囲気もあるとして、軍上層部からたび禁止された。それでも唄われた。

また、四番の「軍律厳しい中なれど」は戦前、「硝煙渦巻く中なれど」と言い換えられたりもした。現代でも多くの人が唄っており、戦時歌謡としては最も息長く唄い継がれている歌であろう。

水師営の会見

明治三十八年一月一日、乃木希典率いる第三軍は旅順を陥落させた。三日後の四日、旅順郊外の水師営で乃木大将と旅順要塞司令官、ステッセル中将の会見が行なわれた。それを歌ったのが「水師営の会見」である。

作詞作曲は国文学者で歌人の佐佐木信綱。この歌は明治三十九年、『尋常小学校読本』のために作られ、同四十三年に『尋常小学読本唱歌』に収められた。九番まであるが一、二、三、四、九番を紹介する。

一　旅順開城約なりて　敵の将軍ステッセル

水師営の会見後の日露両軍首脳。2列目中央左が乃木大将、右がステッセル中将

乃木大将との会見の　所はいずこ水師営
二　庭に一本棗《ひともとなつめ》の木　弾丸あともいちじるく
くずれ残れる民屋《みんおく》に　今ぞ相見る二将軍
三　乃木大将はおごそかに　御めぐみ深き大君の
大みことのり伝うれば　彼かしこみて謝しまつる
四　昨日の敵は今日の友　語る言葉もうちとけて
我はたたえつかの防備　彼は称えつ我が武勇
九　「さらば」と握手ねんごろに　別れて行くや右左
砲音《つつおと》絶えし砲台に　ひらめき立てり日の御旗

佐佐木は昭和三十八年、九十一歳で没した。ステッセルは戦後、ロシアで軍法会議にかけられ、死刑判決を受けたが、乃木らが助命嘆願を行ない、禁固八年に減刑され、釈放後は軍を追放されて茶商となった。大正四年に七十六歳で亡くなった。乃木は大正元年九月、明治天皇の大喪の儀に際して切腹して夫人とともに殉死した。六十二歳であった。

第七章　満洲・上海事変の歌

噫《ああ》、中村大尉

昭和六年六月、満洲を偵察していた陸軍参謀本部の中村震太郎大尉が惨殺されるという事件が起こった。

当時の満洲は入植した朝鮮人が支那人に排撃されるなどの事件が起こり、朝鮮人を保護する日本側官憲と満洲を支配する張学良軍との間で緊張状態が続いていた。

そんななか、参謀本部は対ソ戦に備えるため、現地の情報を集める目的で兵站班の中村大尉を満洲に派遣した。中村大尉は井杉延太郎予備役陸軍曹長、現地支那人、ベラルーシ人、蒙古人の五人で偵察に出かけたが、北満の泰来付近で、張学良軍麾下の現地屯墾軍の関玉衡の部隊に捕まり、五人ともスパイとして銃殺されてしまった。さらに犯行を隠蔽するため、遺体を焼却、遺棄されたのである。

事件が日本に伝わるや輿論は激昂し、作られたのが「噫、中村大尉」である。六番まであるが、一、三、五、六番を紹介する。

一　義勇奉公四つの文字　胸に刻みて鞭を揚ぐ
　　丈夫《ますらお》中村震太郎　行途《ゆくて》は遠し興安嶺

三　広漠千里故郷を　偲ぶ露営の草枕
　　妻に便りの筆とれば　夜空さびしや北斗星

五　駒の嘶き鳴る蹄　たてがみに吹く朝風を
　　たちまち乱す銃声は　暴戻あくなき屯墾軍

六　残虐鬼畜の振舞いに　従容として死に就ける
　　英霊滅びず永久《とこしえ》に　護国の神と仰がれむ

物悲しい曲である。中村大尉は新潟県出身、陸士三十一期、事件の三年前に陸大四十期を卒業して参謀本部に配属となった。戦死認定されて少佐に進級した。関玉衡はこの事件の責任を問われて後に処刑された。

作詞の伊藤松雄は大正、昭和の劇作家であり演出家、作曲の永井巴は大阪府立高津中学の「高津中学を歌える歌」の作曲者でもある。

討匪行

昭和六年九月十九日、関東軍は柳条湖付近で、南満洲鉄道の線路を爆破して支那兵の仕業とし、支那軍と交戦状態に入った。満洲事変の勃発である。同事変を受けて昭和七年に作られたのが「討匪行」である。

作詞は満洲で宣撫官を務めていた軍属で歌人の八木沼丈夫、作曲はオペラ歌手の藤原義江である。十五番まであるが、一、二、四、五、十四番を紹介する。

一　どこまで続く泥濘《ぬかるみ》ぞ　三日二夜を食もなく
　雨降り重吹《しぶ》く鉄兜

二　嘶く声も絶え果てて　斃れし馬の鬣《たてがみ》を
　遺品《かたみ》と今は別れ来ぬ

四　すでに煙草はなくなりぬ　恃むマッチも濡れ果てぬ
　飢え迫る夜の寒さかな

五　さもあればあれ日の本の　吾はつわものかねてより
　草蒸す屍悔ゆるなし

十四　敵にはあれど遺骸《なきがら》に　花を手向けて懇ろに
　興安嶺よいざさらば

見方によっては反戦歌ともとられかねない暗い歌詞である。作曲の藤原義江は世界的なオペラ歌手。「われらのテナー」といわれた。父はスコットランド人、母は日本人のハーフ。

満洲行進曲

同じく昭和七年に発表されたのが「満洲行進曲」である。大阪朝日新聞が選定した。作詞は大阪朝日新聞計画部長で奉天に在住していた大江素夫、作曲は慶応義塾大学応援歌「若き血」の作曲などでも有名な堀内敬三である。六番まであるが三番まで記す。

一　過ぎし日露の戦いに　勇士の骨を埋めたる
　　忠霊塔を仰ぎ見よ　赤き血潮に色染めし
　　夕陽を浴びて空高く　千里曠野に聳えたり

二　酷寒零下三十度　銃も剣も砲身も
　　駒の蹄も凍るとき　すわや近づく敵の影
　　防寒服が重いぞと　互いに顔を見あわせる
　　しっかりかぶる鉄兜　たちまち作る散兵壕

三　わが聯隊旗ヒラヒラと　見上げる空に日の丸の
　　銀翼光る爆撃機　弾丸《たま》に舞い立つ伝書鳩

歌詞の内容はあまり行進曲っぽくない。二、三番は満洲における緊張した状況を表わしている。詩的というよりジャーナリスティックな内容である。

眠れ戦友

「眠れ戦友」は昭和七年九月、満洲事変を戦っていた旭川の第七師団が編成した混成第十四旅団（旅団長、服部兵次郎少将、通称、服部混成旅団）が制定したもので、作詞は「討匪行」の八木沼丈夫、作曲は指揮者で作曲家の村越国保。物悲しい旋律であるが、その分、将兵に愛唱された。十番まであるが一、二、三、七、九番を紹介する。

一　山渓々《たにだに》に谺《こだま》して　凱歌は闇を撼《ゆるが》しぬ
勝ちしと思う歓《よろこ》びも　斃れし戦友《とも》を偲ぶとき
血潮は沸《たぎ》つ敵の塹

二　呼べど還らぬ遺骸《なきがら》を　囲みて今宵夜もすがら
尽きぬ名残りを惜しむかな　眠れ我が友安らかに

満洲事変勃発後、北部の斉斉哈爾（チチハル）に向けて進撃する日本軍部隊

三
ああ戦いは勝ちにけり
焔は移る枯柴の　火群《ほむら》が中に照り出でし
戦友の柩を眺めては　生き残る者声呑みて
熱き涙に咽ぶかな

七
勇ましかりし面影は　わが眼底《まなぞこ》に残れども
敵追い迫る山原に　斃れて空し遺骸は
焔となりぬまのあたり

九
眠れ戦友安らかに　ここ長城の山の上
東洋平和の国柱　燦々たりし日の光
君が名永久《とわ》に言い継がん

古賀聯隊長

「古賀聯隊長」は報知新聞社が制定した戦時歌謡である。作詞は佐佐木信綱、作曲は岡野貞一。岡野は鳥取県出身の作曲家で、「故郷」「春の小川」「春が来た」「朧月夜」などの童謡や多くの校歌を作曲した。

陸士十五期の古賀伝太郎は佐賀県出身、昭和三年八月、北朝鮮の羅南で編成された騎兵第二十七聯隊長となり、満洲事変に従軍、昭和七年一月、錦州の西の錦西で有力な敵と激戦の末、軍旗を守って戦死した。戦死大佐。八番まであるが、一、二、三、五番を紹介する。

一　朔風獵々刃《りょうりょうやいば》のごとく　満目ただに蕭条と
　　冬枯れつづく楊柳《ようりゅう》の　枝ことごとく戦慄《おのの》けり
二　剛勇無双の聯隊長は　籠りて敵を防ぐより
　　出でて機先を制せんと　率いる部下は六十騎
三　突撃々々数百の敵を　意気に圧する時も時
　　錦西城を包囲すと　匪賊はるかに襲い来つ
五　城門まじかき望楼《やぐら》に拠りて　雨と浴ぶする敵弾の
　　一弾また一弾は　聯隊長を殪《たお》したり

林聯隊長

昭和七年一月、上海で日本人僧侶らが、抗日を叫ぶ支那人数十人に襲撃されて殺される事件が起きた。日本軍は居留民保護の名目で海軍陸戦隊を派遣し、次いで金沢の第九師団を増派した。この結果、上海市内外で日本軍と支那軍との間で市街戦が展開されることとなった。第一次上海事変である。

金沢の歩兵第七聯隊長、林大八は山形県庄内出身、中幼予科二期、陸士十六期。明治三十

七年少尉任官、南満洲の吉林特務機関長、張作霖軍事顧問などを務め、昭和六年八月、歩兵第七聯隊長となり、第一次上海事変に出動、同七年二月、上海郊外の大場鎮の戦いで壮烈な戦死を遂げた。戦死少将。

林聯隊長の死後、彼の長男は東京帝大に学び、共産主義運動に関わり、検挙されたことがあった。次男の八郎は仙幼三十二期、陸士四十七期。昭和十一年の二二六事件では歩兵第一聯隊の最年少の少尉として蹶起し、満二十一歳の若さで処刑された。

「林聯隊長」の作詞は土井晩翠、作曲は林と同郷の辻順治。土井は明治四年、仙台生まれの詩人で英文学者、「荒城の月」の作詞者として知られ、旧制二高など多くの校歌を作詞した。辻は明治十五年、山形県の出身で、前に紹介した「上海派遣軍の歌」「工兵の歌」の作曲者でもある。また「爆弾三勇士の歌」も作曲した。陸軍戸山学校軍楽隊長を務めた。

六番まであるが、三番まで紹介する。

一　算を乱して逃げかかる　敵陣眺めほほえみて
江湾鎮の西の端　韓家塘の上屹然と
林聯隊長立てり

二　たちまち下す追撃の　命に颶風《ぐふう》の吹く如く
躍りて進む予備の隊　無残や残る敵はなく
銃丸君を貫けり

三　古武士の姿いまに見る　厳父の家訓甲斐ありて
　　これ文これ武兼ね修め　君国のため甘んじて
　　死所を求めしすぐれ人

聯隊長が二人も戦死したことで、国民は事変が容易ならざる状況であることを実感する。

爆弾三勇士の歌

第一次上海事変で工兵第十八大隊は敵陣地攻撃のため、上海郊外の廟行鎮で歩兵の突撃路を確保せよとの命令を受けた。志願した江下、北川、作江の三人の一等兵は破壊筒を抱いて敵鉄条網にとりついたが、弾雨のなか点火に手間取り、点火したものの、爆風とともに三人とも戦死した。突撃路は確保され、作戦は成功する。

このことが日本に伝わるや三人は軍神として称えられ、東京日日新聞は「爆弾三勇士の歌」（与謝野鉄幹作詞、辻順治作曲）を、東京朝日新聞は「肉弾三勇士の歌」（中野力作詞、山田耕筰作曲）を、報知新聞は「肉弾三勇士」（長田幹彦作詞、中山晋平作曲）をそれぞれ選定した。ここでは十番まである「爆弾三勇士の歌」の一、二、三、六、七、八、九、十番を紹介する。

一　廟行鎮の敵の陣　われの友隊すでに攻む

折から凍る如月の　二十二日の午前五時
二　命令下る正面に　開け歩兵の突撃路
待ち兼ねたりと工兵の　誰《たれ》か後れをとるべきや
三　中にも進む一組の　江下、北川、作江たち
凛たる心かねてより　思うことこそ一つなれ
六　大地を蹴って走り行く　顔に決死の微笑あり
他の戦友に遺せるも　軽《かろ》く「さらば」とただ一語
七　時なきままに点火して　抱《いだ》き合いたる破壊筒
鉄条網に到り着き　わが身もろとも前に投ぐ
八　轟然おこる爆音に　やがて開ける突撃路
今わが隊は荒海の　潮《しお》の如くに躍り入る
九　ああ江南の梅ならで　裂けて散る身を花となし
仁義の軍に捧げたる　国の精華の三勇士
十　忠魂清き香を伝え　永く天下を励ましむ
壮烈無比の三勇士　光る名誉の三勇士

歌詞は物語風に作られていて、広く愛唱された。三人の一等兵は特別に伍長に進級、時の陸相、荒木貞夫が三人の遺族宅を訪問して、異例の弔意を表した。

噫！ 空閑《くが》少佐

「噫！ 空閑少佐」の空閑昇少佐は佐賀県出身、広幼七期、陸士二十二期。先に紹介した林聯隊長の歩兵第七聯隊第二大隊長として上海事変に出征、第一次総攻撃に参加、江湾鎮付近の激戦で有力な敵に包囲され、死傷者続出、少佐も人事不省に陥って捕虜となってしまった。少佐を救出看護したのは、かつて日本の陸軍士官学校に留学し、少佐から指導を受けた国府軍将校の甘海校であった。少佐は自決しようとしたが、甘に止められ、三月になって捕虜交換で日本軍に引き渡され、上海兵站病院に入院した。

少佐は捕虜となったことを恥じ、聯隊の戦闘報告、林聯隊長の戦死の状況、部下将兵の功績を整理し、三月二十九日、激戦の地となった付近に赴き、拳銃で自決した。

作詞は少佐の陸士一期先輩で、かつて富山の歩兵第六十九聯隊でともに勤務した今村嘉吉少佐（後に大佐）、作曲は陸軍戸山学校軍楽隊。十番まであるが、一、三、四、九番を紹介する。

一　江湾鎮の夜深く　月は朧ろに霜白し
　　空閑大隊は三方の　敵火を浴びて二昼夜《ふた》
三　死すとも退《ひ》かじ隊長は　厳然部下を励ませど
　　受けし二ヵ所の傷深く　いつか意識も失いぬ

四　醒めて辺りを見まわせば　敵の看護の床の上
　　矢は尽き刀折るるとも　生きて敵手にあるべきや
九　戦場くまなく弔いて　思出で多き塹壕に
　　少佐は拳銃とり直し　吹く春風に花と散る

亜細亜行進曲

「亜細亜行進曲」は関東軍作戦部にいた八木沼丈夫作詞、作曲は藤原義江で、自身が唄った。ヨーロッパ列強からのアジアの解放を叫ぶこの歌は昭和八年二月にビクターから発売され、多くの人の口に上った。まるで革命歌のようで、大東亜戦争の理念を先取りした歌ともいえる。七番まであるが、一、二、四、五、六番を紹介する。

一　有色の屈辱のもと　喘ぐもの亜細亜亜細亜
　　奪われし吾らが亜細亜
二　白人《かれら》のみ繁栄えんがため　滅びゆく亜細亜亜細亜
　　奪われし吾らが亜細亜
四　共栄のこの旗の前　奮起せよ亜細亜亜細亜
　　輝ける吾らが亜細亜

五　のぞみ見よ吾らが日本　日本のみ亜細亜亜細亜
　滅びゆく亜細亜を守る
六　東《ひんがし》に満ち来るもの　復興亜細亜亜細亜
　手をとりて亜細亜に還れ

ああ我が戦友

「ああ我が戦友」は支那事変前の昭和十二年二月にキングレコードから発売された戦時歌謡である。作詞は林柳波、作曲は細川潤一。林は明治二十五年、群馬県沼田市生まれの詩人。細川は大正二年、福岡県生まれの作曲家で、戦後は「古城」や「東村山音頭」などを手がけた。近衛八郎（本名、釜田俊雄）が唄った。近衛は大正二年、新潟県佐渡出身、戦後は鎌多俊与の名で「哀愁列車」などの作曲も手掛けた。平成七年没。七番まであるが四番まで紹介しよう。

一　満目百里雪白く　広袤《こうぼう》山河風あれて
　枯木に宿る鳥もなく　ただ上弦の月蒼し
二　光にぬれて白じらと　打ち伏す屍わが戦友よ
　握《つつ》れる銃に君はなお　国を護るの心かよ

三　死なば共にと日ごろから　思いしことも夢なれや
　　君は護国の鬼となり　われは銃火にまだ死なず
四　ああわが友よ二人して　約せしことは知りながら
　　君が最後を故郷《ふるさと》に　何と知らせてよいものぞ

七五調短調の哀愁漂う典型的な戦時歌謡である。現実には死体を放置することはまずないが、メロディーが愛され大ヒットした。

流沙《りゅうさ》の護り（男度胸）

「流沙の護り」、別名「男度胸」は昭和十二年、テイチクから発売された。作詞は紫室代介、作曲は佐藤富房。唄は上原敏。佐藤は明治三十三年、北海道室蘭出身、本名、佐藤久助。昭和十四年に大ヒットした「九段の母」の作曲者として知られる。能代八郎名での作曲もしている。昭和十九年、四十四歳の若さで亡くなった。

上原は本名、松本力治。明治四十一年、秋田県大館出身、「妻恋道中」「裏町人生」などのヒット曲があり、スター歌手となったが、昭和十七年、召集となって陸軍に入り、ニューギニアに赴き、同十九年戦死した。三十五歳。入営に際して、報道班員として内地に残るよういわれたが、戦地行きを希望したという。

流沙は一見、普通の土地に見えるが、粘土質で柔らかいため、湧水などがあると底なし沼が出現したりする。そういう土地を匪賊から守っているのである。三番まですべて紹介する。

一　男度胸は鋼《はがね》の味よ　伊達にゃささない腰の剣
　　抜けば最後だ命をかけて　指もささせぬこの護り
二　流れ豊かな黒竜江の　岸の茂みが我が住み家
　　水を鏡にヒゲづら剃れば　満洲娘も一目惚れ
三　可愛い背嚢の枕の傍《そば》に　今朝も開いた名なし草
　　千里離れたこの流れ沙《すな》　国の光で花が咲く

哀調と同時に勇ましさも兼ね備えた歌で、替え歌も作られ、戦後も愛唱された。「満洲娘も一目惚れ」などというフレーズは軍歌ではあり得ない。戦時歌謡たる所以である。

生命線節

「生命線節」の作詞は佐伯孝夫、作曲は細田義勝。小野巡と小唄勝太郎が唄った。いわばデュエットソングである。佐伯は明治三十五年、東京出身、国民新聞、東京日日新聞記者をへて、西條八十の門下生となり、多くのヒット曲を作詞した。最もヒットしたのは昭和三十三年の「有楽町で逢いましょう」だろう。昭和五十六年、死去。七十八歳。細田は「王将」の作曲者としても有名である。

当時は「満洲は日本の生命線」といわれた。そこから付けられたタイトルである。六番まであるが、三番まで紹介する。

一　広漠千里満洲の　野末の雲の乱れをば
　みつめて雄々し立ち姿
二　あなたに贈るこの下着　夜なべの妻は指先に
　凍るを一人いとおしむ
三　潮やけ日やけ元気ぞと　太平洋の兄の文
　ともども護る生命線

満洲事変を契機に満洲帝国が成立し、日本は国際連盟を脱退、第一次上海事変では十九路軍の猛烈な反撃に遭い、苦戦を強いられた。そうした背景を受けて、内地では多くの戦時歌謡が作られ、人々の口の端に上るようになっていく。

第八章　支那事変の歌

昭和十二年七月、北京郊外の盧溝橋で、支那駐屯軍に対し、何者かが複数回発砲したため、同軍と国府軍との間で戦闘が起こる。すぐに停戦となるが、八月には上海で大山勇夫海軍中尉とその部下が国府軍兵士に殺害される事件が起こり、第二次上海事変に発展する。日本軍と国府軍の戦闘は本格化し、政府は当初、北支事変、次いで支那事変と呼称することを決定、大本営が置かれて、戦時に突入した。

露営の歌

「露営の歌」は戦意昂揚のために東京日日新聞（東日）と大阪毎日新聞（大毎）が合同で歌詞を募集、京都市役所に勤める薮内喜一郎の詞が採用され、それに「東京オリンピックマーチ」の古関裕而が曲を付け、同年九月、日本コロムビアから発売された。五番まですべて紹介する。

一　勝って来るぞと勇ましく　誓って国を出たからは
　　手柄立てずに死なれよか　進軍ラッパ聞くたびに
　　瞼に浮かぶ旗の波

二　土も草木も火と燃ゆる　果てなき曠野踏み分けて
　　進む日の丸鉄兜　馬のたてがみ撫でながら
　　明日の命を誰が知ろ

三　弾丸もタンクも銃剣も　しばし露営の草枕
　　夢に出てきた父上に　死んで帰れと励まされ
　　さめて睨むは敵の空

四　思えば今日の戦いに　朱《あけ》に染まってニッコリと
　　笑って死んだ戦友が　天皇陛下万歳と
　　残した声が忘らりょか

五　戦さする身はかねてより　死する覚悟でいるものを
　　鳴いてくれるな草の虫　東洋平和のためならば
　　なんで命が惜しかろや

軽快なメロディーで、替え歌も作られ、戦後まで長く愛唱された。

愛国行進曲

同じく昭和十二年十二月に発表された「愛国行進曲」は内閣情報部が選定した。作詞は公募で当選した森川幸雄。森川は鳥取県の印刷業で、当時二十三歳の青年。佐佐木信綱や北原白秋、島崎藤村らが手を加え、原型を留めなかったといわれる。作曲も公募で「軍艦行進曲」の瀬戸口藤吉が選ばれた。三番まですべて紹介しよう。

一　見よ東海の空明けて　旭日高く輝けば
天地の正気溌剌と　希望は躍る大八洲《おおやしま》
おお晴朗の朝雲に　聳ゆる富士の姿こそ
金甌《きんのう》無《む》欠《けつ》ゆるぎなき　わが日本の誇りなれ

二　起て一系の大君を　光と永久《とわ》に戴きて
臣民われら皆ともに　御稜威《みいつ》にそわん大使命
往け八紘を宇《いえ》となし　四海の人を導きて
正しき平和うち建てん　理想は花と咲き薫る

三　今いくたびか吾が上に　試練の嵐哮《たけ》るとも
断乎と守れその正義　進まん道は一つのみ
ああ悠遠の神代より　轟く歩調うけ継ぎて

大行進の往く彼方　皇国つねに栄えあれ

明るく勇壮なメロディーで、いまに歌い継がれている。

上海便り

翌十三年一月にポリドールから発売された「上海便り」の作詞は佐藤惣之助。作曲は三界稔。戦地から故郷への手紙の形式をとった詞である。三界は戦後、田端義夫が唄った「島育ち」で有名になり、佐藤は昭和九年の「赤城の子守唄」、同十二年の「人生の並木道」などで、すでに作詞家として名をなしていた。四番まであるが、一、三番を紹介する。

一　拝啓御無沙汰しましたが　僕もますます元気です
　　上陸いらい今日までの　鉄の兜の弾の痕
　　自慢じゃないが見せたいな
三　隣りの村の戦友は　えらい元気な奴でした
　　昨日も敵のトーチカを　進み乗っ取り占領し
　　もぐら退治と高笑い

陸軍の部隊の多くは郷土部隊であったため、部隊には学校の同級生や、近隣の者もいて団結が強かった。「隣りの村の戦友」にはそうした背景があった。

第二次上海事変に動員されたのは昭和十二年八月十六日編成の五個師団からなる上海派遣軍、同十月編成の三個師団からなる第十軍、それに北支方面軍の三個師団からなる第二軍など、計十一個師団以上、二十万を超す将兵、それに第三飛行団も加わった。十月には上海派遣軍と第十軍を併せた中支那方面軍が編成され、日本は全面的な戦争に突入していく。

麦と兵隊

昭和十二年十二月、南京を攻略した日本軍は翌十三年四月、徐州作戦を発令した。北支に展開する北支那方面軍と、中支に展開する中支那方面軍を打通することが主な目的である。

従軍していた作家の火野葦平が、従軍小説『麦と兵隊』を書き、百万部を超す大ベストセラーとなった。陸軍報道部がこれに目をつけ戦時歌謡を作ることを計画、藤田まさとに作詞を依頼した。

藤田は「旅笠道中」「明治一代女」などですでに売れっ子であった。戦後は「岸壁の母」の作詞者としても知られる。

作曲は大村能章。海軍横須賀軍楽隊の出身で、「旅笠道中」「野崎小唄」などで知られる。十三年にポリドールから発売され、大ヒットとなった。

火野はその後、「土と兵隊」「花と兵隊」を書き、「兵隊三部作」といわれるが、いずれも藤田、大村コンビで歌となった。唄ったのは東海林太郎である。四番まですべて紹介する。

一　徐州々々と人馬は進む　徐州居よいか住みよいか
　　洒落た文句に振り返りゃ　お国なまりのおけさ節
　　ヒゲが微笑《ほほえ》む麦畠
二　友を背にして道なき道を　行けば戦野は夜の雨
　　済まぬ済まぬを背中に聞けば　バカを言うなとまた進む
　　兵の歩みの頼もしさ
三　腕を叩いて遥かな空を　仰ぐ瞳に雲が飛ぶ
　　遠く祖国を離れきて　しみじみ知った祖国愛
　　友よ来て見よあの雲を
四　行けど進めど麦また麦の　波の深さよ夜の寒さ
　　声を殺して黙々と　かげを落として粛々と
　　兵は徐州へ前線へ

哀切感の漂う名曲である。

梅と兵隊

「兵隊三部作」とは関係ないが、「梅と兵隊」という歌がある。昭和十六年にポリドールから発売された。作詞は女性作詞家の南條歌美、作曲は倉若晴生。唄ったのはバタヤンこと田端義夫。倉若はバタヤンの戦後のヒット曲、「かえり船」の作曲もしている。三番まですべて紹介する。

一　春まだ浅き戦線の　古城にかおる梅の花
せめて一輪母上に　便りに秘めて送ろじゃないか

二　覚悟をきめた吾が身でも　梅が香むせぶ春の夜は
戦《いくさ》忘れてひとときを　語れば戦友《とも》よ愉快じゃないか

三　明日《あした》出てゆく戦線で　何《いず》れが華と散ろうとて
武士の誉れじゃ白梅を　戦闘帽《ぼうし》にさして
行こうじゃないか

荒鷲の歌

「荒鷲の歌」は陸海軍共通の戦時歌謡である。荒鷲は戦闘機のこと。作詞作曲はともに東辰三。

昭和十三年、日本ビクターから発売された。四番まであるが、一、二、四番を紹介する。

一　見たか銀翼この勇姿　日本男子が精こめて
作って育てたわが愛機　空の護りは引き受けた
来るならきてみろ赤トンボ　ブンブン荒鷲ブンと飛ぶぞ

二　誰がつけたか荒鷲の　名にも恥じないこの力
霧も嵐もなんのその　重い爆弾抱えこみ
南京ぐらいは一《ひと》またぎ　ブンブン荒鷲ブンと飛ぶぞ

三　翼《よく》に日の丸乗組みは　大和魂の持ち主だ
敵機はあらまし落としたが　あるなら出て来いお代わり来い
プロペラばかりか腕も鳴る　ブンブン荒鷲ブンと飛ぶぞ

当時の陸海軍の練習機は機体を橙色に塗ったことから赤トンボと呼ばれた。そこから敵機を練習機なみの赤トンボと揶揄しているのである。

愛国の花

同じ十三年には「愛国の花」が日本コロムビアから発売された。作詞は詩人の福田正夫、作曲は古関裕而、渡辺はま子が唄った。銃後を守る女性の心意気を歌ったものである。四番まであるが、三番までを紹介する。

一　真白き富士のけだかさを　こころの強い楯として
　御国《みくに》に尽くす女《おみな》らは　輝く御代《みよ》の山ざくら
　地に咲き匂う国の花
二　老いたる若きもろともに　国難しのぐ冬の梅
　かよわい力よくあわせ　銃後に励む凛々しさに
　ゆかしく匂う国の花
三　勇士のあとを雄々しくも　家をば子をば守りゆく
　優しい母やまた妻に　まごころ燃ゆる紅椿
　うれしく匂う国の花

昭和十七年に同名の映画が作られた。

さくら進軍

前に紹介した「露営の歌」の前奏曲を生かして、昭和十四年に日本コロムビアから発売されたのが「さくら進軍」である。作詞は西條八十、作曲は古関裕而。霧島昇、松平晃が唄った。とくに三番は大東亜戦争末期、特攻隊員に愛唱された。五番まであるが、一、二、三、五番を紹介する。

一　日本さくらの枝のびて　花は亜細亜にみだれ咲く
　　意気で咲け桜花　揚がる凱歌の朝ぼらけ
二　天下無敵の荒鷲の　姿たのもし花の空
　　意気で咲け桜花　君もみ空の航空兵
三　明日は初陣軍刀を　月にかざせば散るさくら
　　意気で咲け桜花　おれも散ろうぞ花やかに
五　咲いた桜が男なら　慕う胡蝶は妻じゃもの
　　意気で咲け桜花　挙国一致の八重一重

愛馬進軍歌

同じく昭和十四年、陸軍省選定として発表されたのが「愛馬進軍歌」である。日本競馬会から陸軍省に対して、軍馬を称える軍歌を作ってほしいとの要請があり、公募することになった。担当したのは後に硫黄島で戦死した、当時陸軍省馬政課長の栗林忠道騎兵大佐である。作詞は電力会社員の久保木信夫、作曲は教師であった新城正一。

軍馬を戦友として歌った歌詞は親しみやすく、戦後も愛唱された。戦地に赴いた軍馬の正確な数は分からないが、靖国神社には軍馬、軍鳩の像がある。六番まですべて紹介する。

一　国を出てから幾月ぞ　ともに死ぬ気でこの馬と
　　攻めて進んだ山や川　執った手綱に血が通う

二　昨日陥したトーチカで　今日は仮り寝の高いびき
　　馬よぐっすり眠れたか　明日の戦《いくさ》は手強いぞ

三　弾丸《たま》の雨降る濁流を　お前頼りに乗り切って
　　つとめ果たしたあの時に　泣いて秣《まぐさ》を食わせたぞ

四　慰問袋のお守りを　掛けて戦うこの栗毛
　　塵《まみ》に塗れたヒゲ面に　なんでなつくか顔よせて

五　伊達には佩《と》らぬこの剣《つるぎ》　真っ先駆けて突込めば
　　なんと脆いぞ敵の陣　馬よ嘶け勝鬨だ

六　お前の背《せな》に日の丸を　立てて入城この凱歌
　　兵に劣らぬ天晴れの　勲は永く忘れぬぞ

この歌が発売されて間もなく、東京に住むエルガ・マドリーヌ・モーアという米国人女性が、この曲を気に入り、日本人の馬を愛する詞の内容に感動して、詞の英訳を行なったという記事が同年三月九日付の満洲日日新聞に掲載されている。二年九ヵ月後、日米開戦となるが、この米国人女性がその後、どうなったかは分からない。

九段の母

「九段の母」は同年、テイチクから発売された。作詞は石松秋二、作曲は「流沙の護り」の佐藤富房。戦死した息子が祀られている靖国神社を母が訪ねる内容である。四番まであるが、二番まで紹介する。

一　上野駅から九段まで　勝手知らないじれったさ
　杖を頼りに一日がかり　倅きたぞや会いに来た

二　空をつくよな大鳥居　こんな立派なおやしろに
　神と祀られ勿体なさに　母は泣けますうれしさに

この母は上野から九段まで杖を頼りに歩いたのだろうか。上野から市谷へは省線もあるし、市電もある。また、いくら名誉の戦死をして祀られたとはいえ、息子が死んで、嬉しさで泣く母がいるだろうか。不自然さが残る歌である。

太平洋行進曲

「太平洋行進曲」は日米開戦の二年前の作ではあるが、太平洋の戦いを予期したような内容である。

昭和十四年七月、海の記念日復活を祝って、東日と大毎が共同で募集し、海軍省が選定、ビクターから発売された。作詞は横山正徳、作曲は布施元。唄ったのは藤原義江と四家文子である。五番まであるが、三番まで紹介する。

一　海の民なら男なら　みんな一度は憧れた
太平洋の黒潮を　ともに進んで行ける日が
来たぞ歓喜の血が燃える

二　今ぞ雄々しく大陸に　明るい平和築くとき
太平洋を乗り越えて　希望果てない海の子の
意気を世界に示すのだ

三　仰ぐほまれの軍艦旗　みよしに菊をいただきて
太平洋をわが海と　風も輝くこの朝だ
伸ばせ皇国《みくに》の生命線

曲も歌詞も勇壮で、戦前はもちろん戦後も長く唄われた。日本が金メダルを獲得した昭和三十九年の東京オリンピックの女子バレー表彰式の入場行進の際も流され、銀メダルのソ連選手もこの曲に合わせて入場したのである。

大陸行進曲

「大陸行進曲」は支那事変を契機として東日と大毎が詞を募集、この結果、鳥越強の詞が選ばれ、それに中支那方面軍軍楽隊が曲を付け、昭和十四年にビクターから発表された。六番までであるが、三番まで紹介する。

一　呼べよ日本一億の　生命《いのち》あふれる足音に
　地平も揺れよ大陸の　すべてのものはいま朝だ
二　昨日よ父がまた兄が　勝ちどきあげた大陸に
　これから清い美しい　大和桜を咲かすのだ
三　思えば永く立ちこめた　平和をみだす雲と霧
　共に行く日はもうすぐだ　いま晴れわたる大陸を

歌詞が口語体で呼びかけ調である。

出征兵士を送る歌

新聞が戦意昂揚に貢献していくなか、出版社が負けじと作成したのが「出征兵士を送る歌」である。作詞は生田大三郎、作曲は歌手の林伊佐緒。同年、大日本雄弁会講談社（現講談社）が陸軍省と提携して選定というかたちで、キングレコードから発売され、以後、終戦まで、出征兵士を送る際はほぼ必ず唄われた。五番まであるが二番まで紹介する。

一　わが大君に召されたる　生命《いのち》はえある朝ぼらけ
たたえて送る一億の　歓呼は高く天を衝く
いざ行けつわもの　日本男児

二　華と咲く身の感激を　戎衣の胸に引きしめて
正義の軍《いくさ》行くところ　誰か阻まんその歩武を
いざ行けつわもの　日本男児

父よ貴方は強かった

東京朝日新聞（東朝）と大阪朝日新聞（大朝）が皇軍兵士に感謝をする歌を募集し、一等になったのが「父よ貴方は強かった」である。作詞は福田節という一般女性、作曲は作曲家の明本京静。女性の視点からの詞である。同年、日本コロムビアから発売された。五番まであるが、二番ま

雨の北支戦線で、小銃に着剣して敵陣への突撃を待つ日本陸軍歩兵部隊

でを紹介する。

一　父よ貴方は強かった　かぶとも焦がす炎熱を
敵の屍とともに寝て　泥水すすり草を噛み
荒れた山河を幾千里　よくこそ撃って下さった

二　夫よ貴方は強かった　骨まで凍る酷寒を
背《せい》も届かぬクリークに　三日も浸かっていたとやら
十日も食べずにいたとやら　よくこそ勝って下さった

兵隊さんよありがとう

この募集で佳作一等となったのが「兵隊さんよありがとう」である。作詞は工員の橋本善三郎、作曲は「月の沙漠」の佐々木すぐる。同じく十四年に日本コロムビアから発売された。唄いやすい歌詞で、替え歌もいろいろ作られた。三番まであるが、二番まで紹介する。

一　肩を並べて兄さんと　今日も学校に行けるのは
兵隊さんのおかげです　お国のために
お国のために戦った　兵隊さんのおかげです

二　夕べ楽しい御飯どき　家内そろって語るのも
　兵隊さんのおかげです　お国のために
　お国のために傷ついた　兵隊さんのおかげです

「父よ貴方は強かった」が女性の視点であるのにあるのに対し、子供の視点である。支那事変がいよいよ国民挙げての戦争となったのである。

紀元二千六百年

昭和十五年は皇紀二千六百年であった。そこで前年に内閣奉祝会と日本放送協会が企画して作られたのが「紀元二千六百年」である。作詞は書店主の増田好生、作曲は音楽教師の森義八郎。十五年にレコード六社（キング、日本コロムビア、日本ビクター、テイチク、ポリドール、タイヘイ）から発売された。三番まですべて紹介する。

一　金鵄かがやく日本の　栄《はえ》ある光身にうけて
　いまこそ祝えこの朝《あした》　紀元は二千六百年
　ああ一億の胸は鳴る

二　歓喜溢るるこの土を　しっかと吾ら踏みしめて
　はるかに仰ぐ大御言《おおみこと》　紀元は二千六百年

三　ああ肇国の雲青し
　　荒《すさ》ぶ世界にただ一つ　揺るがぬ御代に生い立ちし
　　感謝は清き火と燃えて　紀元は二千六百年
　　ああ報国の血は勇む

格調の高い名曲だが金鵄、光といった銘柄の煙草があったことから、「金鵄上って十五銭　栄えある光三十銭……」などとする替え歌も作られた。

日の丸行進曲

「日の丸行進曲」は東日と大毎が募集した懸賞歌である。昭和十三年、日本ビクターから発売され、多くの国民に親しまれた。作詞は有本憲次、作曲は細川武夫。五番まであるが四番まで紹介する。

一　母の背中に小さい手で　振ったあの日の日の丸の
　　遠いほのかな思い出が　胸に燃え立つ愛国の
　　血潮の中にまだ残る

二　梅に桜にまた菊に　いつも掲げた日の丸の
　　光仰いだ故郷《くに》の家　忠と孝とをその門で

誓って伸びた健男児

三　一人の姉が嫁ぐ宵　買ったばかりの日の丸を
運ぶ箪笥の抽出《ひきだし》へ　母が納めた感激を
今も思えば眼がうるむ

四　去年の秋よつわものに　召し出されて日の丸を
敵の城頭高々と　一番乗りにうち立てた
手柄はためく勝ち戦さ

燃ゆる大空

「燃ゆる大空」は皇紀二千六百年を記念して制作された東宝映画の主題歌である。熊谷陸軍飛行学校（現航空自衛隊熊谷基地）の教官と生徒がやがて支那の戦場において活躍する姿をえがいている。作詞は佐藤惣之助、作曲は山田耕筰。四番まであるが、三番まで紹介する。

一　燃ゆる大空気流だ雲だ　騰《あが》るぞ翔けるぞ迅風《はやて》の如く
爆音正しく高度を持して　輝くつばさよ光華《ひかり》と勢《きそ》へ
航空日本空征くわれら

二　機翼どよもす嵐だ雨だ　燦くプロペラ真先かけて

皇国《みくに》に捧ぐる雄々しき命　無敵のつばさよ溌剌挙《こぞ》れ
闘志はつきぬ精鋭われら

三　地上はるかに南だ北だ　攻むるも守るも縦横無尽
戦闘爆撃第一線に　降魔のつばさよ電波と奮え
東亜の空を制するわれら

空の勇士

同じく昭和十五年に発表された「空の勇士」は前年に起こったノモンハン事件での陸軍航空隊の勇戦を称えるため、読売新聞社が陸軍省の後援で公募したもので、作詞は一般人の大槻一郎、作曲は同じく蔵野今春である。レコードは日本コロムビア、日本ビクター、テイチク、ポリドール、タイヘイの五社から一斉に発売された。五番まですべて紹介する。

一　恩賜の煙草をいただいて　あすは死ぬぞと決めた夜は
曠野の風もなまぐさく　ぐっと睨んだ敵空に
星がまたたく二つ三つ

二　すわこそ行けの命一下　さっと羽ばたく荒鷲に
なにを小しゃくな群すずめ　うでまえ見よと体当たり

三　敵が火を噴く落ちてゆく
機首をかえした雲の上　いまの獲物を見てくれと
地上部隊に手を振れば　どっと揚がった勝鬨の
中の担架が眼に痛い

四　しめたぞ敵の戦車群　待てと矢を射る急降下
煙る火達磨あとにして　悠々還る飛行基地
涙莞爾と部隊長

五　世界戦史に燦然と　かがやく陸の荒鷲へ
今日も打ち振る日章旗　無敵の翼とこしえに
守るアジアに栄えあれ

歌詞の所々に矛盾があるのだが、そこが愛嬌でもある。ノモンハン事件は戦後長く、ソ連側の勝利とされてきたが、ソ連崩壊後に明らかになった資料などから日ソ互角の戦いであったことが明らかになっている。

暁に祈る

「暁に祈る」は軍馬を軸に戦地の夫と銃後の妻をえがいた松竹映画の「暁に祈る」の主題歌である。主演は徳大寺伸と田中絹代。作詞は野村俊夫、作曲は古関裕而。二人は福島県福島市の出身で、幼馴染みであった。六番まであるが一、二、六番を紹介する。

一　ああの顔であの声で　手柄頼むと妻や子が
　　千切れるほどに振った旗　遠い雲間にまた浮かぶ
二　ああ堂々の輸送船　さらば祖国よ栄えあれ
　　遥かに拝む宮城の　空に誓ったこの決意
六　ああああの山もこの川も　赤い勇士の血がにじむ
　　故郷《くに》までとどけ暁に　揚がる興亜のこの凱歌

戦後、ソ連軍によってモンゴルに抑留された日本人部隊で、モンゴル側の過酷なノルマを果たせなかった隊員を、同じ日本人の隊長が木に縛り付けるなどの虐待をした「暁に祈る」事件というのがあった。縛られた隊員が瀕死となり、明け方に首をうなだれて暁に祈っているように見えたことから付いた事件名だが、この歌とは関係ない。

戦陣訓の歌

昭和十六年一月、陸軍省は戦陣訓を発した。「生きて虜囚の辱めを受けず、死して罪過の汚名を残すことなかれ」というあれである。支那戦線が膠着し、皇軍の士気が落ち、不祥事が多発することを恐れて、「名を惜しむ」精神を発揚したのである。これに合わせて四月に発表されたのが「戦陣訓の歌」である。作詞は「空の神兵」の梅木三郎、作曲は後に陸軍軍楽大尉となる須摩洋朔。須摩は戦後、陸上自衛隊に入り、陸自の初代中央音楽隊長となり、多くの自衛隊関連の曲を手掛けた。四番まであるが二番まで紹介する。

一　日本男子と生まれきて　戦《いくさ》の場《にわ》に立つからは
　　名をこそ押しめ武士《つわもの》よ　散るべきときに清く散り
　　御国《みくに》にかおれ桜花

二　情に厚き丈夫《ますらお》も　正しき剣とるときは
　　千万人も辞するなし　信ずるものは常に勝ち
　　皇師に向う敵あらじ

そうだその意気

「そうだその意気」は昭和十六年五月に日本コロムビアから発売された。作詞は西條八十、作曲は古賀政男。霧島昇、李香蘭、松原操が唄った。副題は「国民総意の歌」。四番まであるが二番まで紹介する。

一　なんにも言えず靖国の　宮のきざはしひれ伏せば

熱い涙がこみ上げる　そうだ感謝のその気持ち
そろうそろう気持ちが国護る
二　雁鳴きわたる月の空　今夜いまごろ戦地では
弾丸《たま》を浴びてる友がある　そうだ済まないその気持ち
そろうそろう気持ちが国護る

末尾の「そろうそろう」は「揃う」とする説もあるが、「そのような」という意味であろう。

三三壮途《さんさんわかれ》の歌

支那事変の勃発後、諜報、後方攪乱などの重要性を認識した陸軍は昭和十三年、参謀本部の所管として、諜報要員を育成する防諜研究所を東京・九段に設立した。十四年には後方勤務要員養成所と名称を変更して東京・中野に移転、十五年に陸軍中野学校と改称された。終戦直前、群馬県富岡に疎開している。表札は「陸軍通信研究所」となっていた。

中野の跡地は戦後、警視庁警察学校となり、現在は早稲田大学の関連施設、東京警察病院などになっている。当時は隣に陸軍憲兵学校（憲兵練習所）があった。中野学校と憲兵学校が隣同士だったのは、防諜がしやすかったからである。

中野学校の卒業に際して唄われたのが「三三壮途の歌」である。作詞は柳田慎、作曲は不明。柳田は中野学校三丙出身、終戦時陸軍大尉。甲と乙が陸士出身、丙は幹部候補生出身、戊は下士官である。ちなみに「三三」とは中野学校の偽装用の通称名、「東部第三三部隊」による。昭和十九年には静岡県浜松市に二俣分校ができた。ルバング島の小野田寛郎少尉は二俣分校の出身である。この歌は昭和十七年ごろの作と思われる。六番まであるが、一、二、六番を紹介する。

一　赤き心で断じてなせば　骨も砕けよ肉また散れよ
　　君に捧げてほほえむ男児

二　いらぬは手柄浮雲の如き　意気に感ぜし人生こそは
　　神よ与えよ万難我に

六　南船北馬今我は征く　母と分かれて海こえて行く
　　同志よ兄等といつまた会わん　同志よ兄等といつまた会わん

蒙古放浪歌

「三三壮途の歌」の元になったといわれるのが「蒙古放浪歌」である。昭和の初期の歌で、馬賊となる青年の心を歌ったといわれる。作詞は仲田三孝あるいは村山昊、作曲は川上義彦、あるいは園山民平とされるが不明。むしろ、自然発生的にできたのではないだろうか。五番まであるが、一、二、五番を紹介する。

一　心猛くも鬼神《おにがみ》ならず　人と生まれて情はあれど
　母を見捨てて波越えて行く　友よ兄らといつまた逢わん

二　海の彼方の蒙古の砂漠　男多恨の身の捨てどころ
　胸に秘めたる大願あれば　生きては還らん望みは持たぬ

五　朝日夕日を馬上に受けて　つづく砂漠の一筋道を
　大和男子《おのこ》の血潮を秘めて　行くや若人千里の旅路

歌詞には異同がある。北海道大学や海洋系、水産系などの大学では「水産放浪歌」として歌詞をやや変えて現在も唄われている。

「三三壮途の歌」も「蒙古放浪歌」も珍しい七七調だが、これは七五調に比べて哀調を帯びて聞こえるという特徴をもっている。とくに「蒙古放浪歌」は格調が高く、いまでも唄い継がれている。

陸軍小唄

「陸軍小唄」の原曲は「ほんとにほんとにご苦労ね」である。制作年、作詞者は不明。作曲は倉若晴生。倉若は本名貞治。大正元年、新潟県出身の作曲家で、田端義夫の「かえり船」などを作曲している。昭和五十七年に亡くなった。歌詞はさまざまあり、替え歌も多い。二番まで紹介する。

一　いやじゃありませんか軍隊は　金のお碗に竹の箸
　　仏様でもあるまいに　一ぜん飯とは情ない
二　腰の軍刀にしがみつき　連れてゆかんせどこまでも
　　連れてゆくのは易《やす》けれど　女は乗せない戦車隊

これ以外にも「かわいいスーちゃん」「ずんどこ節」などの戯れ歌がある。

第九章　大東亜戦争の歌

大東亜決戦の歌

昭和十六年十二月八日、帝国陸軍はマレー半島コタバルに敵前上陸、海軍は真珠湾を奇襲攻撃、宣戦の大詔が渙発されて大東亜戦争に突入した。まずは「大東亜決戦の歌」からみていこう。

開戦の翌日に東日と大毎が募集し、伊藤豊太という東京在住の青年の詞が採用された。作曲は海軍軍楽隊。十七年三月に日本コロムビアと日本ビクターから発売され、一世を風靡した。四番まであるが、二番まで紹介する。

一　起つや忽《たちま》ち撃滅の　かちどき挙がる太平洋
東亜侵略百年の　野望をここに覆す

二　行くやはげしき皇軍の　砲火は哮《すさ》ぶ大東亜
一発必中肉弾と　散って悔いなき大和魂《やまとだま》
いま尽忠の時きたる

いま決戦の時きたる

大東亜戦争陸軍の歌

東朝も負けてはいない。「大東亜戦争陸軍の歌」と「大東亜戦争海軍の歌」を選定した。陸軍の歌は佐藤惣之助作詞、古関裕而作曲で十七年三月に、海軍の歌は、詞は東朝選定、作曲は東京音楽学校に依頼し、七月に発売された。

まずは陸軍から。七番まですべて紹介する。

一　今こそ撃てと宣戦の　大詔《みこと》に勇むつわものが
火蓋を切って押し渡る　時十二月その八日

二　マレーに続くルソン島　快速部隊の進撃に
鉄より固き香港も　わが肉弾に砕けたり

三　春真っ先に大マニラ　陥して更にボルネオも
疾風《はやて》の如き勢いに　なびくジャングル椰子の島

四　黒いスコール火の嵐　戦車もうなる赤道下
路なき路をひた押しに　焔と進む鉄かぶと
五　六十余日の追撃に　白梅かおる紀元節
シンガポールを撃ち陥とし　大建設の日のみ旗
六　南十字の空高く　桜とまがう落下傘
若木の花の精鋭が　手柄はかおれパレンバン
七　ビルマも何ぞ濠州も　わが皇軍の往くところ
電波に躍る勝鬨に　朝日輝く大アジア

開戦から目の覚めるような進撃で、マレー半島を南下、ルソン島に上陸、香港は十二月二十五日に陥落、一月二日にはマニラが落ち、二月十五日、東洋の真珠といわれたシンガポールが陥落した。スマトラ島のパレンバンに落下傘降下して石油基地を確保したのはシンガポール陥落前日の二月十四日である。この間、ビルマに進攻し、五月には完全に制圧した。七番の最後に「朝日輝く」としたのは朝日新聞の当時の気持ちだろう。現在からは考えられない。

大東亜戦争海軍の歌

海軍の歌は五番まであるが、一、二、三、五番を紹介する。

一　見よ檣頭《しょうとう》に思い出の　ゼット旗高く翻る
時こそ来たれ命一下　ああ十二月八日朝
星条旗まず破れたり　巨艦裂けたり沈みたり

二　あの日旅順の閉塞に　命ささげた父祖の血を
継いで潜《くぐ》った真珠湾　ああ一億はみな泣けり
還らぬ五隻九柱の　玉と砕けし軍神《いくさがみ》

三　凍る海から赤道の　南にかけて波万里
艦旗に競う制海の　ああ伝統の海の民
マレージャバ沖珊瑚海　英蘭いまや影もなし

五　進めば遥か印度洋　世紀を讃う気に澄みて
微笑む南十字星　ああ大東亜光さす
無敵の誇りくろがねの　聴け艨艟《もうどう》の旗の風

檣頭とはマストのこと。ゼット旗はマストに掲げる国際信号旗の一つだが、英国のネルソン提督がトラファルガーの戦いで掲げたことにならって、明治三十八年五月の日本海海戦で、旗艦三笠に掲げられた。以来、海軍ではここ一番の海戦で掲げられたが、真珠湾攻撃では掲げられていない。

二番は日露戦争の旅順港閉塞で広瀬武夫中佐らが戦死したことを踏まえ、特殊潜航艇で真珠湾攻撃に参加した十人の乗組員のうち、九人が戦死して軍神となったことを指している。

三番のマレーは、開戦二日後の十二月十日、海軍航空隊がマレー沖で戦艦「プリンス・オブ・ウエールズ」と「レパルス」の英国東洋艦隊を撃滅したことを指す。ジャバは二月四日にジャワ島沖を航行中の米艦隊を急襲したことを、珊瑚海は十七年五月、珊瑚海で戦われた日米空母海戦を踏まえている。

五番の艨艟は大艦隊のことである。

空の神兵

戦前の日本は多くの石油を米国からの輸入に頼っていた。その米国と戦端を開いたのであるから、自力で石油を確保しなくてはならない。幸い、蘭領インドシナのスマトラ島パレンバンには石油基地があるが、地上からの攻撃では基地を爆破される可能性がある。そこで投入されたのが空挺部隊である。当時は挺身部隊と称した。挺身第二聯隊基幹の第一挺身団がパレンバン作戦を成功させたのは昭和十七年二月十四日である。これを祝って四月に日本ビクターが発売したのが「空の神兵」である、作詞は梅木三郎、作曲は高木東六。四番まですべて紹介する。

一　藍《あい》より蒼《あお》き大空に大空に　たちまち開く百千の

真白きバラの花模様　見よ落下傘空に降《ふ》り
見よ落下傘空を征く　見よ落下傘空を征く

二　世紀の花よ落下傘落下傘　その純白に赤き血を
捧げて悔いぬ奇襲隊　この青空も敵の空
この山河も敵の陣　この山河も敵の陣

三　敵撃摧《げきさい》と舞い降《くだ》る舞い降る　まなじり高きつわものの
いずくか見ゆるおさな顔　ああ純白の花負いて
ああ星雲の花負いて　ああ星雲の花負いて

四　讃えよ空の神兵を神兵を　肉弾粉と砕くとも
撃《う》ちてしやまぬ大和魂　わが丈夫《ますらお》は天降《あま》る
わが皇軍は天降る　わが皇軍は天降る

曲は長調で明るく、歌詞は美しく、国民は熱狂した。その翌日、シンガポールが陥落した。

戦友の遺骨を抱いて

軍曹として従軍していた逵原《つじはら》実が詞を作り、海軍軍楽隊が二つの曲をつけたのが「戦友の遺骨を抱いて」である。五月と六月にテイチクと日本コロンムビアから発売されたが、同じ海軍軍楽隊の一等兵曹、松井孝造が作曲したものが十八年三月にポリドールと日本ビクターから発売された。現在、唄われているのはこちらの方である。五番まですべて紹介する。

一　一番乗りをやるんだと　力んで死んだ戦友の
遺骨を抱いていま入る　シンガポールの街の朝

二　男だなんで泣くものか　噛んでこらえた感激も
山から起こる万歳に　思わず頬が濡れてくる

三　負けずぎらいの戦友の　遺品《かたみ》の国旗《はた》を取りだして
雨によごれた寄書を　山の頂上に立ててやる

四　友よ見てくれあの凪いだ　マラッカ海の十字星
夜を日についだ進撃に　友と眺めたあの星を

五　シンガポールは陥しても　まだ進撃はこれからだ
遺骨を抱いて俺は行く　守ってくれよ戦友よ

索敵行

「索敵行」は十八年四月に封切られた松竹映画「愛機南に飛ぶ」の主題歌である。野村俊夫作詞、万城目《まんじょうめ》正作曲、

戦友の遺骨を胸に抱いて、占領直後のシンガポールに入城する陸軍戦車部隊

ニッチクから発売された。四番まであるが、一、二、四番を紹介する。

一　日の丸鉢巻締め直し　ぐっと握った操縦桿
　　万里の怒濤何のその　征くぞロンドンワシントン
　　空だ空こそ国賭けた　天下分け目の決戦場
二　瞼に浮かんだ母の顔　千人力のうしろ立て
　　翼に籠る一億の　燃える決意はけがさぬぞ
　　空だ空こそ国賭けた　天下分け目の決戦場
四　翼に南の月受けて　今宵又飛ぶ索敵行
　　七つの海の大空に　晴れの勝鬨挙げようぞ
　　空だ空こそ国賭けた　天下分け目の決戦場

索敵は敵を探すこと、索敵行は敵を捜索に出かけることである。

大空に祈る

同じ野村・万城目コンビでは「大空に祈る」がある。十八年に陸軍航空本部が選定した。四番まであるが、二番まで紹介する。

一　風吹きゃ嵐にならぬよう　雨降りゃさぞや御苦労と
　　飛び行く鳥の影にさえ　我が子を偲ぶこの日頃
　　祈るこころはただ一つ　晴れの手柄を勲《いさおし》を
二　南の空見りゃ眼に浮かぶ　日の丸赤いあの翼
　　湧き立つ雲を朱《あけ》に染め　戦い抜くか今日もまた
　　祈るこころはただ一つ　晴れの手柄を勲を

親の立場から我が子の手柄を祈る珍しい内容だが、実のところは、健康を気遣っているといえるだろう。

アッツ島血戦勇士顕彰国民歌

アリューシャン列島のアッツ島はアメリカ領土である。日本軍は対米戦の士気を高める意味もあって、昭和十七年六月、アッツ、キスカの二島を攻略した。米軍が黙っているはずがない。翌十八年五月、奪還作戦にでた。山崎保代大佐指揮の守備隊二千六百五十人に対し、米軍は一万一千人を投入した。

十八日間の激烈な戦闘で、日本軍守備隊は玉砕した。生存者は僅か二十八人という悲惨な戦いであった。大東亜戦争における最初の玉砕であり、第二次世界大戦で、唯一、米国領で戦われた地上戦闘であった。

山崎大佐は山梨県出身、名幼十期、陸士二十五期。戦死後二階級特進して中将となった。

十八年に守備隊を顕彰して作られたのが「アッツ島血戦勇士顕彰国民歌」である。陸軍省報道部推薦、詞は朝日新聞社選定、作曲は山田耕筰、ニッチクから発表された。十番まであるが一、二、三、四、六、八、九番を紹介する。

一　刃《やいば》も凍る北海の　御楯《みたて》となりて二千余士
　　精鋭こぞるアッツ島　山崎大佐指揮をとる　山崎大佐指揮をとる

二　時これ五月十二日　暁こむる霧深く
　　突如と襲う敵二万　南に向かえ北に撃つ　南に向かえ北に撃つ

三　陸海敵の猛攻に　我が反撃は火を吐けど
　　巨弾は落ちて地をえぐり　山容ために改まる　山容ために改まる

四　血戦死闘十八夜　烈々の士気天を衝き
　　敵六千は屠れども　我また多く失えり　我また多く失えり

六　一兵の援一弾の　補給を乞わず敵情を
　　電波に託す二千キロ　波頭に映る星寒し　波頭に映る星寒し

八　他に策なきにあらねども　武名はやわか汚《けが》すべき
　　傷病兵は自決して　魂魄ともに戦えり　魂魄ともに戦えり

九　残れる勇士百有余　遥かに皇居伏し拝み

敢然鬨《とき》と諸共に　敵主力へと玉砕す　敵主力へと玉砕す

勝利の日まで

昭和十九年三月に国民の士気を鼓舞するためにニッチクから発売されたのが「勝利の日まで」である。元は映画の主題歌であった。サトウ・ハチロー作詞、古賀政男作曲。四番まですべて紹介する。

一　丘にはためくあの日の丸を　仰ぎ眺める吾らの瞳
いつか溢るる感謝の涙　燃えて来る来る心の炎
われらはみんな力の限り　勝利の日まで勝利の日まで

二　山で斧ふるおきなの腕も　海の若もの櫓を漕ぐ腕も
町の工場の乙女の指も　今日も来る来るお国のために
われらはみんな力の限り　勝利の日まで勝利の日まで

三　雨の朝《あした》も吹雪の夜半も　思うは一つただただ一つ
遠い戦地と雄々しき姿　浮び来る来るほほえむ顔が
われらはみんな力の限り　勝利の日まで勝利の日まで

四　空を飛びゆく翼に祈り　沖を過ぎ行く煙に誓う

国を挙げてのこの戦いに　湧いて来る来る撃ちてし止まん
われらはみんな力の限り　勝利の日まで勝利の日まで

ああ紅の血は燃ゆる

出陣学徒の壮行会が雨の明治神宮外苑で行なわれたのは十八年十月二十一日である。翌十九年三月、勤労学徒動員令が発令され、中等学校三年生以上は工場などに動員されるようになる。「ああ紅の血は燃ゆる」は同年九月、ニッチクから発売され、学徒の愛唱歌となる。作詞は「暁に祈る」「索敵行」などの野村俊夫、作曲は「武田節」などの明本京静。三番までをすべて紹介する。

一　花もつぼみの若桜　五尺の生命ひっさげて
国の大事に殉ずるは　われら学徒の面目ぞ
ああ紅の血は燃ゆる

二　後《あと》につづけと兄の声　今こそ筆を投げうちて
勝利ゆるがぬ生産に　勇み立ちたるつわものぞ
ああ紅の血は燃ゆる

三　君は鍬とれ我は鎚　戦う道に二つなし

国の使命を遂ぐるこそ　われら学徒の本分ぞ
ああ紅の血は燃ゆる

出陣学徒は十三万人と推定され、彼らは在学のまま、休学の措置をとり、十二月以降、順次入営した。正確な戦死者数は分かっていない。終戦時に勤労動員されていた学徒は女子もふくめ、約三百四十万人とされている。

サイパン殉国の歌

第一次世界大戦後、日本の委任統治領となっていたサイパン島に米軍が上陸したのは昭和十九年六月である。民間人約二万人が居住しており、第四十三師団を中心とした約二万八千人の守備隊がいた。

しかし、約一ヵ月の戦闘の末、七月十八日には失陥、第四十三師団長、斎藤義次陸軍中将、第三十一軍参謀長、井桁敬治陸軍少将、中部太平洋方面艦隊司令長官、南雲忠一海軍中将は切腹、守備隊は玉砕、民間人約一万人は軍に殉じた。

大本営は失陥のわずか六日後に「サイパン殉国の歌」を発表した。作詞は「国境の町」の大木惇夫、作曲は山田耕筰。混成の合唱曲である。五番まであるが、三番まで紹介する。

一　哭《な》け怒れ奮えよ撃てよ　夕映えの茜の雲や

血に咽《むせ》ぶサイパンの島　皇国《すめくに》を死して護ると
将兵《つわもの》ら玉と砕けぬ

二　哭け怒れ讃えよほめよ　皇軍《みいくさ》に力協《あわ》せて
同胞《はらから》はよくぞ立ちたり　勇ましや老いも若きも
義に燃えて国に殉じぬ

三　哭け怒れ讃えよほめよ　武器とりて起ち得る者は
武器とりてみな戦えり　後《しりえ》には大和撫子
くれないに咲きて匂いぬ

特幹の歌

戦局の悪化にともない、陸軍は航空下士官を増員するため、特別幹部候補生制度を採用する。操縦、整備、通信などを担当する航空要員である。一部はボートに爆弾を装備した特攻兵器、マルレにも配属された。陸軍では下士官は初級幹部と認識されていた。十九年四月から順次、入校し、卒業後は陸軍伍長に任官した。こうして作られたのが「特幹の歌」である。作詞は清水かつら、作曲は佐々木俊一。藤原義江が唄った。四番まですべて紹介する。

一　翼輝く日の丸に　燃ゆる闘魂眼にも見よ

今日も逆らう雲切れば　風も鎮もる太刀洗　ああ特幹の太刀洗

二　強く雄々しい若松に　匂う暁宇品港

ゆくぞ波風岩も裂く　船の男児の心意気　ああ特幹の心意気

三　吹けよ朝風初陣の　翼さやかな肌ざわり

胸の火玉に昇る陽に　命捨て身の武者ぶるい　ああ特幹の武者ぶるい

四　叩く敵陣矢が尽きりゃ　なんの当て身の弾吹雪

母も見ている聞いている　船と翼の勝ち名乗り　ああ特幹の勝ち名乗り

太刀洗は福岡県大刀洗町にあった陸軍太刀洗飛行学校のことである。

比島決戦の歌

「比島決戦の歌」は十九年十一月に発表された。作詞は西條八十、作曲は古関裕而。米軍がフィリピン攻略を開始したのは十月である。迎え撃つ日本軍は約八万四千人、米軍は二十万の兵を投入、戦闘は二十年六月まで続き、日本軍は七万九千人の戦死者を出した。米軍の戦死者は約三千五百人。四番まですべて紹介する。

一　決戦輝く亜細亜の曙　命惜しまぬ若櫻

いま咲き競うフィリッピン　いざ来いニミッツマッカーサー

出て来りゃ地獄へ逆落とし
二　陸には猛虎の山下将軍　海に鉄血大川内
みよ頼もしの必殺陣　いざ来いニミッツマッカーサー
出て来りゃ地獄へ逆落とし
三　正義の雷世界を撼《ふる》わせ　特攻隊の往くところ
われら一億共に往く　いざ来いニミッツマッカーサー
出て来りゃ地獄へ逆落とし
四　御稜威《みいつ》に栄ゆる同胞《はらから》一億　興亡岐《わか》つこの一戦
ああ血煙のフィリッピン　いざ来いニミッツマッカーサー
出て来りゃ地獄へ逆落とし

「山下将軍」は第十四方面軍司令官、山下奉文大将。「大川内」は南西方面艦隊司令長官の大川内伝七中将。「ニミッツ」は米太平洋艦隊司令長官、チェスター・ニミッツ大将、「マッカーサー」は米極東陸軍総司令官ダグラス・マッカーサー元帥。特攻隊が初めて登場したのもフィリピン戦である。歌詞に敵将の名前が登場するのはこの歌だけである。

第十章　海軍の歌

軍艦行進曲

陸軍に比べて海軍の軍歌は圧倒的に少ない。陸軍と違い、海軍は行軍などの集団行動が少ないためといわれている。それでも、人口に膾炙した歌は少なくない。その筆頭が「軍艦行進曲」だろう。

作詞は鳥山啓。天保八年、現在の和歌山県の生まれ。国学、漢学、天文学、本草学などを学んだ当時の大知識人で、南方熊楠の師でもある。明治以降は女子学習院の教授などを務めた。

鳥山が明治三十年作詞した「軍艦」に、瀬戸口藤吉が曲を付けたのが「軍艦行進曲」である。瀬戸口は慶応四年（明治元年）、鹿児島県生まれ。海軍軍楽師で、「愛国行進曲」の作曲でも知られる。「軍艦行進曲」は「軍艦マーチ」ともいわれ、海軍省制定の行進曲となり、戦後の海上自衛隊では行進曲として正式に制定されている。二番まですべて紹介する。

一　守るも攻めるも黒がねの　浮かべる城ぞ頼みなる
浮かべるその城日の本の　御国《みくに》の四方《よも》を守るべし
真がねのその艦《ふね》日の本に　仇《あだ》なす国を攻めよかし
二　石炭《いわき》の煙はわだつみの　龍《たつ》かとばかり靡《なび》くなり
弾丸《たま》うつ響きは雷《いかづち》の　声かとばかりどよむなり
万里の波濤を乗り越えて　御国の光り輝かせ

曲は軽快で、詞も分かりやすい。「石炭」と書いて「いわき」と読ませているのは、当時の軍艦は常磐炭鉱の石炭を多く使用したからである。

艦船勤務

「艦船勤務」の作曲も瀬戸口藤吉である。詞は佐佐木信綱と大和田建樹の合作。制作年ははっきりしないが、明治中期であろう。この歌は次に紹介する「如何《いか》に強風」とともに、海軍兵学校、海軍機関学校、海軍経理学校の生徒はもちろん、後の海軍短期現役学生（短現）や海軍予備学生にも徹底的に教え込まれた。したがって海軍士官で、この二曲を知らない者はいない。五番まですべて紹介する。

一　四面海なる帝国を　守る海軍軍人は
戦時平和の分かちなく　勇み励みて勉むべし

二　如何なる堅艦快艇も　人の力によりてこそ
その精鋭を保ちつつ　強敵風波に当たり得れ

三　風吹き荒《すさ》び波いかる　海を家なるつわものの
職務は種々に分かれども　尽くす誠はただ一つ

四　水漬く屍と潔よく　生命《いのち》を君に捧げんの
心たれかは劣るべき　つとめは重し身は軽し

五　熱鉄身をやく夏の日も　風刃身を切る冬の夜も
忠と勇との二文字を　肝に銘じて勉むべし

如何《いか》に強風

「如何に強風」は明治二十八年、読売新聞に投稿された詞に、田中穂積が曲を付けたものである。詩を投稿したのは佐戦児というペンネームで、日清戦争の威海衛の戦いに実際に従軍した海軍士官とされる。

日清戦争において海軍は黄海の制海権を確保するため、威海衛に立て籠る清国北洋艦隊を攻撃した。威海衛は山東半島東部の軍港で、渤海を挟んで遼東半島の旅順、大連と向き合う形になっている。ここを押さえることで北洋艦隊が黄海、東シナ海に出ることを防ぎ、日本は制海権を確保できる。海陸からの日本軍の猛攻に北洋艦隊は降伏し、日清戦争の帰趨は決した。北洋艦隊司令官、丁汝昌は毒をあおいで自決した。

田中は安政二年、岩国藩士の子として生まれ、維新後は海軍軍楽隊に入隊、「勇敢なる水兵」や日本初のワルツとされる「美しき天然」の作曲者としても知られる。四番まですべて紹介する。

一　如何に強風吹きまくも　如何に怒濤は逆巻くも
たとえ敵艦多くとも　なに恐れんや義勇の士
大和魂充ち満つる　我等の眼中難事なし

二　維新以降《このかた》訓練の　技倆試さん時ぞ来ぬ
我が帝国の艦隊に　栄辱生死の波分けて
渤海湾内乗り入れて　撃ち滅ぼさん敵の艦《ふね》

三　空飛び翔ける砲丸に　水より躍る水雷に
敵の艦隊見る中《うち》に　皆々砕かれ粉微塵
艫《とも》より舳《へ》より沈みつつ　広き海原影もなし

四　早くも空に雲晴れて　四方の眺望《ながめ》も浪ばかり

余りに脆《もろ》し敵の艦《ふね》　この戦いはもの足らず
大和魂充ち満つる　我等の眼中難事なし

戦闘に参加した士官が作詞しただけあって、描写がリアルである。北洋艦隊はなす術なく壊滅した。詞も「この戦いはもの足らず」と言い切っている。

江田島健児の歌

海軍の兵科士官を養成する海軍兵学校には正式な校歌はないが、大正八年ごろに作られた「江田島健児の歌」が事実上の校歌として唄われてきた。

海軍は陸軍と違って兵科士官にのみ戦闘の指揮権があるため、艦長や副長が戦死すると、最上級の兵科士官が指揮を執る。仮に最上級兵科士官が少尉だと、その場に軍医大佐や機関中佐、主計少佐がいても兵科少尉が指揮を執る決まりである。陸軍の指揮は階級順だが、この差は海戦は専門知識を必要とすることに起因している。

海軍士官を育てた江田島の海軍兵学校

作詞は当時海兵生徒であった神代猛男、作曲は海軍軍楽少尉、佐藤清吉。六番まですべて紹介する。

一　澎湃《ほうはい》寄する海原の　大波くだけ散るところ
常磐《ときわ》の松のみどり濃き　秀麗の国あきつしま
有史ゆうゆう数千載　皇謨《こうぼ》あおげばいや高し

二　玲瓏そびゆる東海の　芙蓉の嶺を仰ぎては
神州男児の熱血に　わが胸さらに躍るかな
ああ光栄の国柱　護らで止《や》まじ身を捨てて

三　古鷹山下水清く　松籟《まつかぜ》の音冴ゆるとき
明け離れゆく能美島の　影紫にかすむとき
進取尚武の旗あげて　送り迎えん四つのとし

四　短艇海に浮かべては　鉄腕櫂もたわむかな
銃剣とりて下りたてば　軍容粛々声もなし
いざ蓋世の気を負いて　不抜の意気を鍛わばや

五　見よ西洋に咲き誇る　文化の蔭に憂いあり
太平洋を顧り見よ　東亜の空に雲暗し
今にして我勉めずば　護国の任を誰か負う

六　ああ江田島の健男児　機《とき》到りなば雲よびて
　天《てん》翔け行かん蛟龍の　地に潜むにも似たるかな
　倒れて後に止まんとは　我が真心の叫びなれ

澎湃は水が逆巻いて押し寄せるさま、皇謨は天皇陛下の治世、芙蓉は富士山の佳称である。蓋世は世を蓋うほどの雄大な気持ち、不抜は何事にも動じない心。前者は項羽、後者は老子から出たことばである。五番はこの歌が作られた当時、第一次大戦中であったことを示している。六番の蛟龍は、いつもは潜んでいるが、雨を得ると天に駆け上がるという想像上の動物で、兵学校生徒になぞらえている。

生徒に示す

「生徒に示す」は昭和十六年四月から一年間、校長を務めた草鹿任一が生徒に教える形で作った詞に海軍軍楽隊の佐波真が曲を付けた。草鹿は明治二十二年石川県出身、中将となり、終戦をラバウルの南東方面艦隊司令長官で迎えた。昭和四十七年、八十三歳で没。四番まですべて紹介する。

一　霊鷹峯《れいよう》に棲みしてう　松もみどりの山を負い
　水清澄の江田湾に　臨みて立てる生徒館

二　燦たり菊の御紋章　仰げば高し君の恩
朝な夕なに銘じつつ　海の守りの魂磨く
三　厳たり五条の御聖訓　俯してかしこむ臣の道
日毎夜毎に念じつつ　ふねのいくさの技を練る
四　教うる人も学ぶ子も　心は同じすめらぎの
醜の御楯と誓う身を　鍛え鍛えんいざ共に

兵学校の三勇士

「兵学校の三勇士」はヒットした「銀座の三勇士」の替え歌である。作詞は東京府立五中（現都立小石川中等教育学校）出身で海兵在校生であった六十六期の山田泰雄。五番まであるが、一、二、三、五番を紹介する。

一　桜花咲く緑の風に　軽く吹かれて校門入れば
俺も今日から生徒さん　腰の短剣伊達作り
我等兵学校の三勇士
二　夢も束の間夜嵐吹けば　姓名申告凄面揃い
腰の震えを何としょう　お国なまりがうらめしや

我等兵学校の三勇士
三　寒風肌さす古鷹颪　顔で笑って心で泣いて
鍛え鍛えしこのクリュー　休暇土産は尻のタコ
我等兵学校の三勇士
五　淡い生活四年も過ぎて　ロングラインで別れて見れば
許せ殴った下級生　さらば海軍兵学校
俺も今日から候補生

入校の翌日に名物の姓名申告がある。大東戦争開戦前までは四年教育であったが、開戦後は三年に短縮された。卒業すると少尉候補生をしばらくやって、少尉に任官した。

巡航節

海軍兵学校には生徒だけが唄う戯れ歌のようなものがある。その一つが「巡航節」である。元は日本の石切歌とも、アメリカ民謡ともいわれる。期を越えて多くの者が詞を作ったので、何番まであるか分からないが、八つ紹介する。

一　雪をあざむく　白地の事業服
胸のマークはよー　一の文字よ

二　帽子目深に　月の眉かくして
　　笑みをふくんでよーチルラーとるよー
三　カッターは出て行く　湾口の一本松
　　指して行く手はよー　宮島よー
四　あの鼻曲がれば　生徒館が見えるよ
　　赤いレンガにゃよー　鬼が住むよ
五　今日も天測　見上げる空によー
　　泣いたあの夜のよー　星が飛ぶよ
六　娘さんよく聞け　生徒さんにゃ惚れるな
　　沖でどんと鳴りゃよー　若後家よ
七　吹くや春風　散らすな桜よ
　　せめて考査のよー　終るまでよ
八　考査終われば　休暇も近いよ
　　水泳訓練もよー　なんのそのよ

事業服は兵学校生徒が日常に着る作業服で、胸に「一」のマークがあれば、最上級生である一号生徒を意味した。チルラーとは舵柄《だへい》で、カッターやヨットで舵をとるための横棒のこと。海自ではティラーという。鼻は陸から海に突き出た小さな岬。海兵では二号生徒以下は一号生徒を鬼と呼んだ。天測は太陽や月、星を観測して、自分の位置を調べることである。

戦後、この歌は曲をちょっと変え、詞も変えて、「山男の歌」として昭和三十年代にダークダックスが唄って流行した。

遠航節

「巡航節」に似た歌に「遠航節」がある。遠航とは遠洋航海のことで、兵学校を卒業、少尉候補生となって実施された。平時は海外まで遠征したが、大東亜戦争開戦後は、取りやめになった。遠洋航海から帰ると少尉に任官する。これも作詞作曲とも不明である。四番まで紹介する。

一　女人禁制のよー　兵学校の庭によ
　　誰が植えたかよー　姫小松そかよー

二　遠洋航海はよー　その名はよけれど
　　残るわたしをよー　どなさるそかよー

三　金波銀波のよー　波乗り越えてよー
　　船は出て行くよー　相模灘そかよー

四　弾丸《たま》は飛んで来るよー　マストは折れるよー
　　ここが命のよー　捨て所そかよー

兵学校数え歌

「兵学校数え歌」の元歌は旧制高知高校の「豪気節」である。この歌は同校生徒だった熊本県出身の余《よ》田《でん》弦彦《つるひこ》が大正十二年の寮歌祭で発表したもので、おそらくは兵学校生徒が知って、兵学校バージョンを作ったのであろう。したがって作詞者は不明である。十番まで紹介する。

一　一つとせ広島県下の江田島は　明日の日本のバロメーター
　　そいつぁ豪気だね（二番以降略）
二　二つとせ踏んだり蹴ったり殴ったり　攻撃精神棒倒し
三　三つとせ三ツ星おろして入れた位置　古鷹山の上に出た
四　四つとせ夜な夜なうなるこの腕で　一号殴った夢を見た
五　五つとせ粋な短剣伊達じゃない　魔除け虫除け女除け
六　六つとせ無理もへちまもあるものか　殴り殴られ偉くなる
七　七つとせ泣き言云う奴ぶん殴れ　にやにやする奴ぁ張り倒せ
八　八つとせやさしい心もないじゃない　みせん山頂月を見る
九　九つとせ漕ぎも漕いだり十哩《マイル》　宮島遠漕半殺し
十　十とせとうとう卒業の時が来た　追い出せ蹴りだせ叩き出せ

この歌は戦後の昭和三十七年に歌詞を変えて「大学数え歌」として十二番までにリメイクされ、守屋浩が唄ってヒットした。当初は大学名が唄われたが、クレームがついて「ン大生」と匿名になった。唄われたのは慶大、お茶の水女子大、早大、立大、明大、法大、農大、東大などの十大学である。

海軍小唄

「海軍小唄」は別名「ダンチョネ節」。元は神奈川県・三崎の民謡といわれ、作詞作曲者は不明。「ダンチョネ」の意味は「断腸だね」「団長もね」など諸説あるが不明。いつのころからか、歌詞を変えて海軍でも歌われるようになり、「海軍小唄」と呼ばれるようになった。演歌に挿入されるなど現代まで唄い継がれている。

歌詞は多くあるが五つ紹介する。

一　沖の鷗と飛行機乗りは　どこで死ぬやら果てるやら　ダンチョネ
二　俺が死ぬときゃあハンカチ振って　友よあの娘《こ》よねさようなら　ダンチョネ
三　弾丸《たま》は飛び来るマストは折れる　ここが命のね捨てどころ　ダンチョネ
四　おれが死んだら三途の川で　鬼を集めてね相撲とる　ダンチョネ
五　飛行機乗りには娘はやれぬ　やれぬ娘がね嫁《い》きたがる　ダンチョネ

歌詞の一部は「遠航節」と重なっている。

月月火水木金金

「月月火水木金金」はいまも唄われる海軍の戦時歌謡である。日露戦争後も海軍は土日なく、猛烈な訓練を行ない、「まるで月月火水木金金のようだ」などといわれた。昭和十五年になって、海軍中佐、高橋俊策が詞を作り、海軍軍楽隊出身の江口夜詩（源吾）が作曲してポリドールから売り出された。四番まですべて紹介する。

一　朝だ夜明けだ潮の息吹き　うんと吸いこむあかがね色の
　　胸に若さの張る誇り《みなぎ》　海の男の艦隊勤務
　　月月火水木金金

二　赤い太陽に流れる汗を　拭いてにっこり大砲手入れ
　　太平洋の波波波に　海の男だ艦隊勤務
　　月月火水木金金

三　度胸ひとつに火のような練磨　旗は鳴る鳴るラッパは響く
　　行くぞ日の丸日本の艦《ふね》だ　海の男の艦隊勤務
　　月月火水木金金

四　ドンとぶつかる怒濤の唄に　揺れる釣床今宵の夢は

明日の戦さのこの腕だめし　海の男だ艦隊勤務
月月火水木金金

内容の説明は不要だろう。一、三番が「海の男の」、二、四番が「海の男だ」となっている。

海の進軍

「海の進軍」は昭和十六年五月、日本コロムビアから発売された戦時歌謡である。海軍省と読売新聞社が詞を募集し、一般人の海老沼正男の詞が選ばれた。曲は古関裕而、奥山貞吉編曲。伊藤久雄、藤山一郎、二葉あき子が唄った。四番まですべて紹介する。

一　あの日揚がったＺ旗を　父が仰いだ波の上
今日はその子がその孫が　強く雄々しい血を継いで
八重の潮路を越えるのだ

二　菊の御紋のかげ映す　固い守りの太平洋
海の男子《おのこ》の生き甲斐は　沖の夕陽に撃滅の
敵のマストを夢に見る

三　御稜威《みいつ》かがやく大空に　意気に羽ばたく海鷲が

描く制覇の勇ましさ　僚友《とも》よ七たび生き変り
波に勲を咲かそうぞ
四　海へ海へと燃えあがる　大和魂しっかりと
胸に抱いて波千里　進む皇国海軍の
晴れの姿に栄光《ひかり》あれ

「あの日揚がったZ旗」とは明治三十八年五月二十七日の日本海海戦で旗艦「三笠」に揚がったZ旗のことである。

雷撃隊出動の歌

「雷撃隊出動の歌」は昭和十九年十二月、開戦三周年を記念して作られた東宝映画「雷撃隊出動」の主題歌である。作詞は海軍嘱託の米山忠雄、作曲は古関裕而。唄は霧島昇と波平暁男。四番まで紹介する。

一　母艦よさらば撃滅の　翼に映えるあかねぐも
かえりみすれば遠ざかる　瞼に残る菊の花
二　炸弾の雨突き抜けて　雷撃進路ひた進む
まなじり高し必殺の　翼にかかる潮しぶき

三　天皇陛下万歳と　最後の息に振る翼
　　おおその翼紅の　火球と燃えて体当たり
四　雲染む屍つぎつぎて　撃ちてし止まんいく潮路
　　決死の翼征くところ　雄叫び高し雷撃隊

悲壮感漂う壮絶な歌詞である。

同期の桜

「同期の桜」は「あいつとおれは同期の桜だ」といわれるほど、同期生の意味として使われている。戦時歌謡の題名が一般名詞化した珍しい例であり、それだけ、この歌が広く唄われていることを示している。作曲は横須賀海軍軍楽隊出身の大村能章。詞は「少女倶楽部」昭和十三年一月号に発表された西條八十のものが元になっているが、特定の人が作詞したというよりも、部隊や学校で作られ、それぞれで歌い継がれているというのが実情のようだ。『雄叫』に掲載されている五番までを紹介しよう。

一　貴様と俺とは同期の桜　同じ兵学校の庭に咲く
　　咲いた花なら散るのは覚悟　みごと散りましょ国のため
二　貴様と俺とは同期の桜　同じ兵学校の庭に咲く

血肉わけたる仲ではないが　なぜか気が合うて離れられぬ

三　貴様と俺とは同期の桜　同じ航空隊の庭に咲く
仰いだ夕焼け南の空に　未だ帰らぬ一番機

四　貴様と俺とは同期の桜　同じ航空隊の庭に咲く
あれほど誓ったその日も待たず　なぜに散ったか死んだのか

五　貴様と俺とは同期の桜　別れ別れに散ろうとも
花の都の靖国神社　同じ梢で咲いて会おう

ラバウル海軍航空隊

「ラバウル海軍航空隊」は昭和十九年に発表された戦時歌謡である。作詞は佐伯孝夫、作曲は古関裕而、灰田勝彦が唄った。

現在のパプアニューギニアのニューブリテン島のラバウルには陸海軍双方の航空隊があり、終戦まで活動した。四番まで紹介する。

一　銀翼つらねて南の前線　ゆるがぬ護りの海鷲たちが
肉弾くだく敵の主力　栄ある吾らラバウル航空隊

二　海軍精神燃えたつ闘魂　いざ見よ南の輝く太陽

三　雲に波に敵を破り　轟くその名ラバウル航空隊
　数をば恃んで寄せ来る只中　必ず勝つぞと飛び込む時は
　胸に挿した基地の花も　にっこり笑うラバウル航空隊
四　沈めた敵艦落とした敵機も　忘れて見つめる夜ふけの星は
　われに語る戦友のみたま　勲は高しラバウル航空隊

ラバウル小唄

「ラバウル航空隊」とくれば、「ラバウル小唄」だろう。昭和十五年に日本ビクターから発売された「南洋航路」の替え歌がラバウルから帰還した兵士の間で唄われ、昭和二十年になってレコード化されたものである。作詞は若杉雄三郎だが、詞は異同がある。作曲、編曲は島口駒夫。一番、二番を記す。

一　さらばラバウルよ　また来るまでは
　しばし別れの涙がにじむ　恋し懐かしあの島見れば
　椰子の葉陰に十字星
二　波のしぶきで　眠れぬ夜は
　語り明かそうデッキの上で　星がまたたくあの星見れば

くわえ煙草もほろ苦い

若鷲の歌

「若鷲の歌」は別名「予科練の歌」。戦意昂揚映画「決戦の大空へ」の挿入歌の二つのうちの一つである。もう一つはタイトルそのままの「決戦の大空へ」。映画は予科練を題材にしたもので、「若鷲の歌」は西條八十作詞、古関裕而作曲、仁木他喜雄編曲で霧島昇、波平暁男が唄い、昭和十八年、ニッチクから発売された。四番まですべて紹介する。

一　若い血潮の予科練の　七つボタンは桜に錨
　　今日も飛ぶ飛ぶ霞ケ浦にゃ　でかい希望の雲が湧く

二　燃える元気な予科練の　腕はくろがね心は火玉
　　さっと巣立てば荒海越えて　行くぞ敵陣なぐりこみ

三　仰ぐ先輩予科練の　手柄聞くたび血潮が疼く
　　ぐんと練れ練れ攻撃精神　大和魂にゃ敵はない

ラバウル名物の活火山「花吹山」を背景に列線をしく海軍航空隊の零戦

四　生命惜しまぬ予科練の　意気の翼は勝利の翼
　みごと轟沈した敵艦を　母へ写真で送りたい

予科練は正式には海軍飛行予科練習生といい、昭和四年に下士官飛行機搭乗員養成を目的として採用したのが始まりである。高等小学校卒以上、十四歳以上二十歳未満が対象で、後に乙飛と呼ばれる。当初は水兵服を着ていた。

昭和十二年に中学四年一学期修了生を対象とした甲飛の募集が行なわれ、後に中学三年修了に引き下げられた。

十四年には茨城県の土浦航空隊に移り、十五年には下士官から選抜する丙飛が採用された。水兵服から七つぼたんの詰襟になったのは十七年である。

当初は各期二百人から千人ぐらいの採用であったが、昭和二十年採用の甲飛十六期は約二万五千人、同乙飛二十四期は四万五千人を採用している。

決戦の大空へ

「決戦の大空へ」のもう一つの挿入歌「決戦の大空へ」は西條八十作詞、古関裕而作曲である。四番まで紹介する。

一　決戦の空血潮は燃えて　払えど屠れど数増す敵機

いざ征け若鷲翼を連ね　奮うは今ぞ土浦魂

二　密雲潜り海原見れば　白波蹴立てる敵大艦隊

いざ射て逃がすな必中魚雷　轟く轟音揚がる火柱

三　敵鷲来る皇土を目指し　憎さも憎しかの星条旗

いざ衝け肉弾火を吐け機銃　落ち行く敵機は嵐の落ち葉か

四　思い出愉し白帆の故郷　鍛えしこの技攻撃精神

風切る翼の日本刀に　刃向かう敵なし土浦魂

轟沈

「轟沈」は潜水艦を歌った唯一の戦時歌謡である。昭和十九年に制作された記録映画「轟沈」の主題歌で、米山忠雄作詞、江口夜詩作曲、楠木繁夫が唄い、同年、ニッチクから発売され人気を博した。四番まですべて紹介する。

一　可愛い魚雷と一緒に積んだ　青いバナナも黄色く熟れた

男所帯は気ままなものよ　ひげも生えます

ひげも生えます不精ひげ

二　進路西へと波また波の　しぶききびしい見張りはつづく

初の獲物にいつの日会える　今日も暮れるか
今日も暮れるか腕が鳴る
三　轟沈轟沈凱歌が上がりゃ　つもる苦労も苦労にゃならぬ
嬉し涙に潜望鏡も　曇る夕陽の
曇る夕陽のインド洋
四　昇る朝日に十字の星に　思い遥かな緑の基地よ
戦友《とも》も笑顔で待っててくれる　故郷《くに》の便りも
故郷の便りも待っている

戦争末期に作られた歌だが、明るくユーモラスで、いまも唄う人が多い。

特攻隊節

十九年十月、海軍は戦闘機に爆弾を搭載して敵艦に体当たり攻撃を敢行する特別攻撃隊をフィリピンで編成した。以後、陸軍航空隊、海軍の回天、桜花、震洋、伏龍、陸軍のマルレなどが特攻隊として編成された。海軍航空特攻をとくに神風特別攻撃隊という。

「特攻隊節」は民謡「白頭山節」の替え歌である。二十年三月以降、特攻隊員の中から自然発生的に歌詞が作られたと思われる。

一　燃料片道　テンツルシャン
　涙で積んで　行くは琉球死出の旅
　エーエ死出の旅
二　地上離れりゃ　テンツルシャン
　この世の別れ　思い出します母の顔
　エーエ母の顔
三　雨よ降れ降れ　テンツルシャン
　せめても雨よ　整備する身のこのつらさ
　エーエこのつらさ

嗚呼神風《かみかぜ》特別攻撃隊

フィリピンの神風特別攻撃隊の戦果を称えて作られたのが「嗚呼神風特別攻撃隊」である。野村俊夫作詞、古関裕而作曲。レコード化はされず、ラジオで全国に流された。六番まですべて紹介する。

一　無念の歯がみこらえつつ　待ちに待ちたる決戦ぞ
　今こそ敵を屠らんと　奮い立ちたる若桜

二　この一戦に勝たざれば　祖国のゆくていかならん
撃滅せよの命受けし　神風特別攻撃隊
三　送るも征くも今生の　別れと知れどほほえみて
爆音高く基地をける　ああ神鷲の肉弾行
四　大義の血潮雲染めて　必死必中体当たり
敵艦などて逃すべき　見よや不滅の大戦果
五　凱歌はたかく轟けど　今はかえらぬ丈夫よ
千尋の海に沈みつつ　なおも皇国護り神
六　熱涙伝う顔あげて　勲をしのぶ国の民
永久に忘れじその名こそ　神風特別攻撃隊

終戦までに特攻による戦死者は約五千人、特攻要員は一万人以上とされる。

あとがき

三十年余りの平成の時代は戦争のない平和な時代であった。しかし、幕末から昭和二十年の大東亜戦争終戦まで、日本は多くの戦争を経験した。この間、日本は精強な軍隊を保持した。帝国陸海軍と呼ばれた日本の軍隊は、国民皆兵によって維持され、国民の負託に応えた。日清戦争、日露戦争の勝利は、幕末に結ばされた西洋列強との不平等条約の解消に大きな役割を果たした。北清事変における派兵は、日本ならびに欧米の居留民の安全を確保し、第一次世界大戦における陸軍の青島攻略戦、海軍の地中海派遣は、欧米諸国に日本軍の精強さと秩序正しさを印象付けた。しかし、支那事変以降、日本は泥沼の戦いを強いられ、ついに大東亜戦争に至り、未曽有の敗戦を喫し、軍隊は消滅した。

明治維新以降の軍の歴史とともにあったのが軍歌である。

軍隊の内部でどのような歌が唄われていたのだろうか。多くの人々はそれを知らない。しかし、彼らが団結を維持し、戦意を高めるためにどのような歌を唄ってきたかを知ることは軍の側面を知る上で、欠かせない要素である。

一般の人々が唄った軍国歌謡と呼ばれた戦時歌謡は、国民が軍を、戦争をどう見ていたかを知る貴重な手がかりでもある。

明治時代の戦時歌謡の多くが物語的に作詞され、国民の共通認識として、愛唱された。多くは長調系の曲で、国家が勃興していく明るさが感じられる。しかし、昭和の戦時歌謡は短調が増え、戦争の厳しさ、悲しさ、はかなさを伝えるものも多い。反戦的な内容のものもある。出口の見えない戦争であることを国民は鋭敏に感じていたのだろう。ところが、大東亜戦争に入ると、曲は一転して長調が基調となり、明るさを取り戻す。多くの国民が真珠湾攻撃を知って、暗雲が晴れたような思いをしたと語るように、歌も明るさを取り戻すのである。開戦から半年の快進撃は、歌の明るさにも表われている。

八十年近い軍の歴史、それは常に国民とともにあった。そうでなければ、これだけおびただしい戦時歌謡が作られ、愛唱されるはずがない。それは、それぞれの時代の国民の感情のほとばしりであったに違いない。

軍歌、戦時歌謡は近代日本音楽の歴史遺産であり、ひとつの文化である。軍歌、戦時歌謡を知る人は少なくなった。しかし、このまま歴史の彼方に埋もれさせていいはずがない。そこには文字通り、日本近代の血と汗と涙が凝縮されているからである。

大野敏明

曲名索引

あ

い

う

え

お

か

き

く

ろ

わ

〈主な参考文献〉

「歴史と文芸の間」（植村清二、中央公論社）
「世界軍歌全集」（辻田真佐憲、社会評論社）
「日本の軍歌」（辻田真佐憲、幻冬舎）
「徹底検証　日本の軍歌」（小松公次、学習の友社）
「軍歌歳時記」（八巻明彦、戦誌刊行会）
「軍歌　雄叫」（偕行社）

単行本　令和元年五月　産経新聞出版刊

装丁　伏見さつき
ＤＴＰ　佐藤敦子
写真提供　著者・藤田昌雄・雑誌「丸」

産経ＮＦ文庫

軍歌と日本人

二〇二一年十二月二十二日　第一刷発行

著　者　大野敏明

発行者　皆川豪志

発行・発売　株式会社　潮書房光人新社

〒100-8077　東京都千代田区大手町一-七-二

電話／〇三-六二八一-九八九一㈹

印刷・製本　凸版印刷株式会社

定価はカバーに表示してあります
乱丁・落丁のものはお取りかえ
致します。本文は中性紙を使用

ISBN978-4-7698-7042-5　C0195

日本音楽著作権協会（出）許諾第2109256-101号

http://www.kojinsha.co.jp

産経NF文庫の既刊本

「美しい日本」パラオ　井上和彦

なぜパラオは世界一の親日国なのか――日本人が忘れたものを取り戻せ！　太平洋戦争でペリリュー島、アンガウル島を中心に日米両軍の攻防戦の舞台となったパラオ。圧倒的劣勢にもかかわらず、勇猛果敢に戦い、パラオ人の心を動かした日本軍の真実の姿を明かす。

定価891円〈税込〉　ISBN978-4-7698-7036-4

日本が戦ってくれて感謝しています2　あの戦争で日本人が尊敬された理由　井上和彦

第1次大戦、戦勝100年「マルタ」における日英同盟を序章に、読者から要望が押し寄せたインドネシア――あの戦争の大義そのものを3章にわたって収録。日本人は、なぜ熱狂的に迎えられたか。歴史認識を辿る旅の完結編。15万部突破ベストセラー文庫化第2弾。

定価902円〈税込〉　ISBN978-4-7698-7002-9

日本が戦ってくれて感謝しています　アジアが賞賛する日本とあの戦争　井上和彦

インド、マレーシア、フィリピン、パラオ、台湾……日本軍は、私たちの祖先は激戦の中で何を残したか。金田一春彦氏が生前に感激して絶賛した「歴史認識」を辿る旅――涙が止まらない！感涙の声が続々と寄せられた15万部突破のベストセラーがついに文庫化。

定価946円〈税込〉　ISBN978-4-7698-7001-2